gestão ambiental no mercado empresarial

SÉRIE DESENVOLVIMENTO SUSTENTÁVEL

gestão ambiental no mercado empresarial

Angelo de Sá Mazzarotto
Rodrigo Berté

EDITORA intersaberes

Editora-chefe
Lindsay Azambuja

Supervisora editorial
Ariadne Nunes Wenger

Analista editorial
Ariel Martins

Copidesque e preparação de originais
Pamela da Conceição

Capa
Sílvio Gabriel Spannenberg (*design*)
André Figueiredo Müller (ilustração)

Projeto gráfico
Bruno Palma e Silva

Iconografia
Sandra Sebastião

1ª edição, 2013.

Dados Internacionais de Catalogação na Publicação (CIP)
(Câmara Brasileira do Livro, SP, Brasil)

Berté, Rodrigo
Gestão ambiental no mercado empresarial/Rodrigo Berté, Angelo Augusto Valles de Sá Mazzarotto. – Curitiba: InterSaberes, 2013. – (Série Desenvolvimento Sustentável).

Bibliografia.
ISBN 978-85-8212-789-6

1. Administração de empresa 2. Gestão ambiental 3. Planejamento estratégico 4. Sustentabilidade I. Mazzarotto, Angelo Augusto Valles de Sá. II. Título. III. Série.

12-13733 CDD-658.4

Índices para catálogo sistemático:
1. Gestão ambiental: Sustentabilidade: Administração 658.4

EDITORA
intersaberes

Rua Clara Vendramin, 58 – Mossunguê
CEP 81200-170 – Curitiba – PR – Brasil
Fone: (41) 2106-4170
www.intersaberes.com
editora@editoraintersaberes.com.br

sumário

agradecimentos

Acreditar que construímos algo apenas com o próprio esforço é pensar que vivemos em um mundo desconectado, individualista e solitário. Penso que toda obra, grande ou pequena, surge da convergência de esforços de pessoas que sonham por nós quando avançamos as noites acordados, que contribuem com ideias quando estas nos faltam e que nos ajudam quando a nossa força, somente, não basta.

Agradeço aos que torceram por mim, às mãos amigas, às inspirações, aos exemplos, às críticas e, também, às bem-vindas cobranças que recebi, pois, para que esta obra fosse possível, houve uma união de tantas coisas, que é sensato e honesto pensar que ela foi, sempre, um trabalho de equipe.

Agradeço às pessoas que, em minha vida, sempre somam, inspiram, guiam e dão apoio. Por este livro e por tudo que faz minha vida valer à pena, meus agradecimentos, sobretudo a Deus, nosso criador; à minha querida mãe e professora, Zaide Sá; à minha esposa e parceira, Aline Bonotto; a meu grande irmão, Sergio; a todos os meus amigos e, por fim, a todos aqueles que acreditam que a nossa Terra merece o nosso amor.

Espero que esta obra inspire e encha meu filho, Filipe, de orgulho.

Angelo de Sá Mazzarotto

A forma mais plena de amor é aquela sem explicação, aquela que o tempo não pode apagar, que não acaba junto com a beleza ou outros motivos quaisquer. Inspirado nesse tipo de amor, o sem limites, tenho muitas pessoas a agradecer, tanto pela inspiração quanto pela realização desta obra.

Em primeiro lugar, a Deus, pela fé inabalável que me mantém e me alicerça no dia a dia e que me dá coragem para o enfrentamento nas causas ambientais.

A toda a minha família, em especial à minha querida mãe, Irde Araldi Berté, por ser meu ponto de equilíbrio todos os dias. Às minhas irmãs, Luciane e Emanuele, professoras dedicadas. Aos meus sobrinhos André (*in memoriam*), Maria Clara e Emanuel, e ao meu cunhado Neco. Aos amigos Rodrigo e Laila, de Coxim (MS) e á sua filha, minha afilhada Júlia, que venceu tão bravamente a luta pela vida. Finalmente, ao meu pai, Otávio, homem que infelizmente não está mais conosco, que pouco compreendi, mas que fez com que seus exemplos me tornassem a pessoa que sou.

Quero agradecer, também, ao amigo Rubens Secco pela contribuição no capítulo referente aos resíduos sólidos, problema que necessita de especial atenção governamental e social, meu carinho e meu muito obrigado. Também à minha equipe, "a melhor equipe", que coordeno no Departamento Acadêmico de Engenharia, Saúde e Meio Ambiente do Centro Universitário Internacional (Uninter).

E, por fim, quero agradecer a toda a talentosa equipe da Editora InterSaberes, sobretudo à nossa querida editora-chefe, Lindsay Azambuja, e à dedicada e querida preparadora de originais, Pamela da Conceição.

E, se me perguntassem sobre felicidade, eu diria que este é um momento de muita felicidade.

Rodrigo Berté

apresentação

Esta obra é, a princípio, destinada às pessoas que atuam no meio empresarial e que pretendem implantar ou aprimorar ações ambientais em suas respectivas empresas; mas, mais que isso, propõe reflexões, análises e conhecimentos importantes não apenas ao meio empresarial, mas a todo ser humano.

Para que você, leitor, possa compreender todas implicações do meio ambiente no meio empresarial, sobretudo no que se refere à gestão ambiental, propomos a seguinte linha de estudos:

No **primeiro capítulo**, intitulado "Meio ambiente", estudaremos o conceito de meio ambiente e faremos uma análise histórica de degradação e preservação ambiental, de forma a abordar como, ao longo do tempo, o homem vê o meio em que vive. Ainda nesse mesmo capítulo, fazemos uma análise sobre o atual estilo de vida que levamos, capitalista e globalizado, e o meio ambiente, além de abordarmos o processo brasileiro de industrialização e suas implicações ambientais.

Entendidas essas questões, passamos ao **segundo capítulo**, "Meio ambiente e mercado internacional", no qual adentraremos no mundo do comércio internacional, das grandes empresas, dos acordos de livre comércio e das novas tendências mundiais, como o "mercado verde" e as "barreiras ambientais". Você poderá compreender essas tendências e suas implicações para o comércio exterior sob uma perspectiva ambiental.

A partir do **terceiro capítulo**, "Os aspectos legais e o meio ambiente" – e uma vez que, com o estudo dos capítulos anteriores, você já conhece o meio ambiente e os mecanismos de ligação com o mercado –, estudaremos alguns elementos de composição legal que compõem as políticas que influenciam o meio ambiente e, portanto, sua gestão no âmbito empresarial. Trataremos, então, das leis de proteção ambiental e da disciplina de Direito Ambiental, que são relativamente recentes.

Em separado, devido à grande importância, mas ainda falando dos aspectos ambientalmente legais necessários às empresas, trataremos, no **quarto capítulo**, da "Avaliação de Impactos Ambientais (AIA) e Avaliação de Riscos (AR)", explicando o que são esses instrumentos e para que eles servem. Além disso, lançamos dados técnicos nacionais e internacionais, para que você possa perceber esses instrumentos no âmbito empresarial.

No **quinto capítulo**, "Certificação ambiental", falaremos das normas de certificação ambiental internacionalmente reconhecidas, assim como dos padrões técnicos para a implantação do Sistema de Gestão Ambiental (SGA).

O **sexto capítulo**, "Auditoria e perícia ambiental", trata esses dois temas de forma a compreender seus objetivos, etapas, importância e modo de aplicação.

Os dois últimos capítulos formam um único bloco, que trata especificamente de resíduos sólidos, sendo, portanto, complementares. No **sétimo capítulo**, falaremos, de forma simplificada, sobre o que são os "Resíduos sólidos", como e por que eles são gerados, suas formas de destinação, classificação e tratamento.

No **oitavo capítulo**, "A política nacional e os Resíduos Sólidos Urbanos (RSU)", falaremos da gestão de resíduos, das obrigações empresariais e pessoais no que se trata do lixo produzido, da gestão integrada e da destinação de resíduos e, também, dos resíduos de serviços de saúde, sob enfoque técnico e legislativo.

É importante ressaltar que não temos a pretensão, nesta obra, de finalizar os assuntos sobre o meio ambiente e o meio empresarial. Nossa finalidade, aqui, é ajudar empresas e empresários que desejam acompanhar as "tendências verdes" do mercado internacional, bem como ajudar a conscientizá-lo, leitor, sobre a importância da preservação ambiental, que é dever não apenas das grandes organizações, mas também pessoal e intransferível.

Boa leitura!

introdução

É muito fácil perceber que há algo errado acontecendo com o planeta em que vivemos: desequilíbrios ambientais, aquecimento global, cheias, secas e degelo nos polos são apenas alguns indícios, entre muitos outros, de que a vida na Terra tem se tornado cada vez mais hostil. Com base nessa percepção, ficamos mais conscientes da importância de se avaliar, reformular e rejeitar muitos dos nossos hábitos pessoais e processos produtivos, ou seja, passamos a perceber que **mudanças drásticas precisam ser tomadas para que não só a nossa geração, mas também as gerações futuras, possam viver (ou até sobreviver) com qualidade.**

O problema, no que se refere à conscientização e à percepção ambiental, é que temos hábitos tão arraigados em nosso dia a dia que abandoná-los é quase impossível, pois insistimos em "esquecer" do planeta e passamos a modificar a condição natural dos ciclos biológicos apenas para a satisfação, muitas vezes irrelevante, de nossas intermináveis listas de compras. Além disso, fomos educados em uma cultura de que "só os fortes sobrevivem", um pensamento que, embora frequente, sobretudo no mundo corporativo, tende a moldar as pessoas para que ajam individualmente. E essa individualidade vai contra todos os princípios naturais, pois, na natureza, nas comunidades biológicas evoluídas, é o mutualismo que predomina, e não a relação "presa e predador".

Apenas como ilustração desse pensamento, podemos pensar o seguinte: se "só os fortes sobrevivem", então é muito provável que, no futuro, nosso planeta esteja povoado de ratos e baratas e estes travarão as próximas lutas territoriais, pois, biologicamente falando, a barata, por exemplo, tem qualidades que lhe permitem aguentar altos níveis de radiação, seus hábitos alimentares são vastos e sua capacidade de sobrevivência é extrema; isso tudo ao passo que nós, seres humanos, somos suscetíveis às condições ambientais e não temos tal capacidade de sobrevivência. Ou seja, no mundo que estamos criando, a capacidade de sobrevivência desses animais supera em muito as capacidades humanas.

Nossa opção de desenvolvimento e a desenfreada busca pela satisfação de nossos desejos estão, portanto, criando ambientes nos quais não poderemos sobreviver. Nós temos, e muito, com que nos preocupar. Para agirmos contra isso, é necessário compreendermos as ações que buscam minimizar os desequilíbrios ambientais, entendermos a história da globalização, dos processos mercantilistas, e, por fim, construirmos as bases e levantarmos as bandeiras da educação ambiental para que, assim, possamos fortalecer condutas transformadoras influenciadas pela consciência ambiental ou, pelo menos, pelo respeito ao meio ambiente. **É preciso propor a adequação dos costumes e comportamentos para que possamos alcançar a sustentabilidade que almejamos.**

O objetivo desta obra é não só entender os processos ambientais e as políticas ambientais ligados ao meio empresarial, mas também buscar modificar a sua consciência pessoal, leitor, para que, seja como gestor, seja como ser humano, você tenha a consciência ambiental necessária ao empreendedor do futuro.

capítulo 1

Meio ambiente

Nossa discussão, aqui, é sobre as formas de utilizar os recursos ambientais de maneira sustentável e, sobretudo, de modo que esses recursos supram não apenas as nossas necessidades, mas que estejam disponíveis também para as futuras gerações, ou seja: trataremos da gestão ambiental, que implica em muitos fatores, principalmente o que chamamos de *desenvolvimento sustentável*. Contudo, para que possamos preservar e gerir da forma correta os recursos naturais disponíveis no planeta, precisamos, primeiramente, entender o que é o **meio ambiente**. Para Neves e Tostes (1992, p. 17),

> *Meio Ambiente é tudo o que tem a ver com a vida de um ser ou de um grupo de seres vivos. Tudo o que tem a ver com a vida, sua manutenção e reprodução. Nesta definição estão: os elementos físicos (a terra, o ar, a água), o clima, os elementos vivos (as plantas, os animais, os homens), elementos culturais (os hábitos, os costumes, o saber, a história de cada grupo, de cada comunidade) e a maneira como estes elementos são tratados pela sociedade. Ou seja, como as atividades humanas interferem com estes elementos. Compõem também o meio ambiente as interações destes elementos entre si, e entre eles e as atividades humanas. Assim entendido, o meio ambiente não diz respeito apenas ao meio natural, mas também às vilas, cidades, todo o ambiente construído pelo homem.*

Para os autores, portanto, o meio ambiente não se restringe às matas nativas e às grandes florestas, mas também a muitos outros elementos, dos quais todos, sem exceção, são necessários à nossa sobrevivência.

De acordo com Lima-e-Silva (2000), o meio ambiente é o "Conjunto de fatores naturais, sociais e culturais que envolvem um indivíduo e com os quais ele interage, influenciando e sendo influenciado por eles". Ele é, portanto, mais complexo e mais significativo que florestas isoladas, por exemplo. **É o meio que nos proporciona a vida.** É importante compreender que o meio ambiente não é um simples objeto de pesquisa ou um

> Todos têm o direito de desfrutar da qualidade de vida que o meio ambiente proporciona, assim como **todos têm o dever de preservá-lo.**

armazém de matérias-primas. Como vimos, ele tem um significado muito maior e nós, seres humanos, somos apenas uma parte desse contexto.

Para a Constituição Federal, "Todos têm direito ao meio ambiente ecologicamente equilibrado, bem de uso comum do povo e essencial à sadia qualidade de vida, impondo-se ao Poder Público e à coletividade o dever de defendê-lo e preservá-lo para as presentes e futuras gerações" (Brasil, 1988a). Ou seja, todos têm o direito de desfrutar da qualidade de vida que o meio ambiente proporciona, assim como **todos têm o dever de preservá-lo.**

1.1 *A exploração e a preservação dos recursos naturais ao longo do tempo*

Tudo o que o homem pode usar da natureza é chamado de *recurso natural*. Por "usar", entende-se qualquer tipo de uso, desde os necessários à sobrevivência e ao desenvolvimento das civilizações até os que proporcionam exclusivamente conforto. Dessa forma, tudo o que a natureza oferece e que o homem pode aproveitar é um recurso natural, independentemente de ser aproveitado em seu estado natural ou de precisar ser trabalhado pelo homem para ser utilizado. Esses recursos possuem, globalmente, as seguintes classificações:

- **Renováveis:** São os recursos que não se esgotam e que podem ser constantemente usados pelo homem (Ex.: energia solar, energia eólica).
- **Potencialmente renováveis:** Recursos que correm o risco de se esgotarem, considerados parcialmente ou potencialmente limitados (Ex.: flora, água, solos, fauna).
- **Não renováveis:** São os recursos que levam muito tempo – milhões de anos – para se renovarem ou que não se renovam nunca (Ex.: petróleo, carvão mineral, gás natural).

O que ocorre é que a demanda por recursos naturais não renováveis vem crescendo assustadoramente e, consequentemente, expõe-nos ao crescente risco de colapsos nos sistemas econômicos e sociais globais, pois o atual uso desses recursos, ou seja, a maneira intensa como eles vêm sendo utilizados, faz com que suas capacidades de renovação fiquem seriamente comprometidas e, portanto, incapazes de atender às necessidades básicas da população. O uso desenfreado do que a natureza tem a nos oferecer, combinado com alguns novos padrões da sociedade, como o ambiente globalizado e o aumento do consumo, têm deixado rudes marcas ambientais no planeta.

Diante da crise civilizacional generalizada na qual nos encontramos, Boff (1999, p. 17) afirma que:

Precisamos de um novo paradigma de consciência que funde uma relação mais benfazeja para com a Terra e inaugure um novo pacto social entre os povos no sentido de respeito e de preservação de tudo o que existe e vive. Só a partir desta mutação faz sentido pensarmos em alternativas que representem uma nova esperança.

Com base nessa afirmação, podemos perceber o quanto é importante que ocorram mudanças de comportamentos, tanto individuais quanto institucionais, em busca do bem social comum. Mas mudar requer aprendizado, e, por sua vez, novos aprendizados exigem vivências, exemplos, experiências e procedimentos socialmente (e não individualmente) construídos. É imprescindível, então, compreender a ecologia como o estudo do nosso planeta e, por fim, compreender o planeta como nossa casa. **É preciso desenvolver comportamentos ambientais éticos e solidários que, além de virtudes, são condições e princípios para a sobrevivência do planeta.** Contudo, para entendermos a degradação ambiental atual e também as leis de preservação vigentes, precisamos compreender, ainda que de forma sucinta, o período histórico que compreende esses fatores.

O uso desenfreado do que a natureza tem a nos oferecer, combinado com alguns novos padrões da sociedade, como o ambiente globalizado e o aumento do consumo, têm deixado rudes marcas ambientais no planeta.

A exploração da natureza pelo homem se confunde com o próprio surgimento do homem na Terra, pois já em **eras muito antigas**, tudo o que alimentava e mantinha a vida humana vinha da natureza: a caça, a agricultura, a exploração de madeira etc. Contudo,

Antigamente, acreditava-se que este [o homem] seria julgado por tudo aquilo que fizesse contra a natureza. Esta era uma criação divina e deveria ser respeitada, logo, o homem não a agredia indiscriminadamente e dela retirava só o necessário para o seu sustento. Ainda assim, o homem modificou o seu ambiente a fim de adequá-lo às suas necessidades. (Sparenberguer; Silva, 2005, p. 82)

Então, até **meados do século XVIII**, quando as ferramentas manuais eram o principal meio de produção dos bens de consumo, o ser humano viveu em relativa **harmonia com a natureza.** Mas, com o crescimento populacional acelerado e a grande demanda por mercadorias, passou a haver necessidade de produção acelerada, fabril: começava a Revolução Industrial.

Não é possível saber a data exata em que a **Revolução Industrial** teve início, mas sabemos que foi na segunda metade do século XVIII. A Revolução trouxe consigo máquinas a vapor, grandes fábricas, grande demanda por mão de obra e, é claro, muitos danos ambientais. Nessa época, toda produção industrial estava focada no lucro rápido e na produção em massa e não tinha, portanto, nenhuma preocupação com a exploração de recursos naturais, como o carvão mineral, por exemplo, que era avidamente utilizado para dar movimento às máquinas a vapor.

William Bell Scott

Já em **meados do século XIX**, com a industrialização ainda mais avançada e o aumento de grandes aglomerações urbanas, intensificaram-se problemas relacionados a esgotos, lixo, resíduos jogados em leitos de rios e exploração predatória de áreas verdes. Isso tudo além da ainda intensa produção das máquinas a vapor. Os esgotos e resíduos jogados nos leitos de rios poluíam as águas e matavam a vegetação ribeirinha. Os rios já poluídos, por sua vez, desaguavam no mar, poluindo-o também. O desmatamento inconsequente diminuiu a qualidade do ar e passou a prejudicar o solo. A produção de gás carbônico, vinda principalmente das fábricas, nos fez chegar ao que hoje conhecemos como *efeito estufa*. Devido a esse tipo de reação em cadeia, e a fim de minimizar os estragos ambientais, **os movimentos de preservação do século XIX foram marcados pela criação de parques nacionais e unidades de preservação ambiental.**

Para Carvalho (2003, p. 67):

> *O dinamismo da civilização industrial introduziu radicais mudanças no Meio Ambiente físico. Essas transformações implicaram a formação de novos conceitos sobre o ambiente e o seu uso. A Revolução Industrial, que teve início no século XVIII, alicerçou-se, até as primeiras décadas do último século, nos três fatores básicos da produção: a natureza, o capital e o trabalho. Porém, desde meados do século XX, um novo, dinâmico e revolucionário fator foi acrescentado: a tecnologia. Esse elemento novo provocou um salto, qualitativo e quantitativo, nos fatores resultantes do processo industrial. Passou-se a gerar bens industriais numa quantidade e numa brevidade de tempo antes impensáveis. Tal circunstância, naturalmente, não se deu sem graves prejuízos à sanidade ambiental.*

No século XX, sobretudo **após a Segunda Guerra Mundial** (1939-1945), foi que a preocupação com a exploração natural e a possibilidade de escassez de recursos surgiu efetivamente. Foi necessário, assim, reformular as opções de desenvolvimento idealizadas na Revolução Industrial. Começaram a surgir, a partir daí, muitos movimentos de preservação ambiental (que já haviam, sim, surgido em anos anteriores, mas que foram esquecidos durante as duas grandes guerras e no período "entre guerras") e muitas organizações não governamentais (ONGs).

A partir de então, a natureza começou a realmente ser vista como algo afetável pelas atividades humanas e os conhecimentos sobre ela entraram em pauta com movimentos de proteção ambiental e de correção das degradações já cometidas. Além disso, **foi também em meados do século XX que a Educação Ambiental (EA) passou a ser ícone de prioridade para a gestão do binômio economia/ambiente** e que as pessoas passaram a compreender que "Sociedade e natureza, de fato, interagem afetando-se mútua e equitativamente, porém, ambas vitalmente importantes, crescem ou desaparecem juntas" (São Paulo, 1994), ou seja, a sociedade passou a ser (ainda que de forma lenta) mais crítica, mais comprometida e mais responsável na busca de conhecimentos ambientais, a fim de poder desenvolver novas posturas.

Nas décadas de 1960 e 1970, os países começaram a pensar juntos as questões ambientais. Assim, no fervor das discussões, em 1968, um grupo composto por cientistas, pedagogos, industriais, economistas, funcionários públicos, humanistas, entre outros, a convite do empresário Arillio Peccei, foi desafiado a discutir as crises atual e futura da humanidade. Desse evento surgiu o "Clube de Roma", que realizou uma série de análises, resultando em relatórios denominados de "Os Limites do Crescimento". Publicado em 1972, o livro com esses relatórios tornou-se um dos mais vendidos sobre essa temática.

Sob os efeitos desse livro, e impulsionada por uma série de movimentações da década de 1960, a Organização das Nações Unidas (ONU) realizou, no dia 5 de junho (data em que, hoje, comemoramos o Dia Mundial do Meio Ambiente) de 1972, em Estocolmo, a **Conferência das Nações Unidas sobre o Meio Ambiente Humano**, a primeira Conferência Internacional, chamada *Conferência de Estocolmo*, na qual representantes de 113 países assumiram compromissos políticos com o intuito de estabelecer ações para a preservação do meio ambiente; foi concebido um plano de Ação Mundial e foram estabelecidas normas, que todos assumiram o compromisso de seguir, para o então chamado *Programa Internacional de Educação Ambiental*. Além disso, a partir dessa conferência, a EA passou a ser considerada um campo de ação pedagógica, adquirindo grande relevância internacional; a partir de então, as questões ambientais passaram a ser cada vez mais valorizadas, tanto sob o ponto de vista de produção quanto de consumo. Esse evento é considerado, até hoje, um dos principais eventos de discussão sobre a temática ambiental, produzindo grandes resultados como os apresentados a seguir:

- Programa das Nações Unidas para o Meio Ambiente (Pnuma).
- "Declaração da ONU sobre o Ambiente Humano", cujo art. 19 comenta que essa declaração é de suma importância para a realização de um trabalho de EA;
- Aconselhamento para a criação do Programa Internacional de Educação Ambiental (Piea).

Entre 1973 e 1975, ocorreram seminários em vários países (Seminário Internacional de Educação Ambiental) por meio da Organização das Nações Unidas para a Educação, a Ciência e a Cultura (Unesco) e do Pnuma. Na Comissão Nacional Finlandesa, em 1974, foram efetuados acordos com base nos "Princípios da Educação", tendo como objetivo a proteção ambiental.

Em 1975, a Unesco, em conjunto com o Pnuma, ambos seguindo recomendações estabelecidas na Conferência de Estocolmo, criam o Piea.

A **Carta de Belgrado**, de 1975, criada com a ajuda de especialistas ambientais do mundo todo, aponta para fatores diversos, mas, sobretudo, para a necessidade de se contribuir com uma consciência ambiental coletiva. De acordo com Araújo (2010, p. 15), a Carta:

> *afirma que a geração de então testemunhava um crescimento econômico e um processo tecnológico sem precedentes, os quais, ao mesmo tempo em que trouxeram benefícios para muitas pessoas, produziram também sérias consequências ambientais e sociais. Atenta à então recente Declaração das Nações Unidas para uma Nova Ordem Econômica Internacional, que pregava um novo conceito de desenvolvimento o que leva em conta a satisfação das necessidades e desejos de todos os cidadãos da Terra, pluralismo de sociedades e do balanço e harmonia entre humanidade e meio ambiente, a Carta de Belgrado entendeu como absolutamente vital que os cidadãos de todo o mundo insistissem a favor de medidas que dessem suporte ao tipo de crescimento econômico que não traga repercussões prejudiciais às pessoas e que não diminuam de nenhuma maneira as condições de vida e de qualidade do meio ambiente, propondo uma nova ética global de desenvolvimento, através, dentre outros mecanismos, da reforma dos processos e sistemas educacionais.*

Em outubro de 1977, ocorreu, então, a **Conferência Intergovernamental de Educação Ambiental de Tbilisi**, que foi realizada na Geórgia (ex-União Soviética). Essa conferência foi resultado de uma soma de esforços da Unesco e do recém-criado Programa de Meio Ambiente da ONU, o Pnuma. Nesse evento, foram propostas as definições, os objetivos, os princípios e as estratégias para a EA que vigoram ainda hoje em todo o mundo.

A EA, conforme a leitura dos resultados dessas discussões, deve ser desenvolvida pela inclusão de temas por intermédio da multidisciplinaridade no ensino formal, tendo este como o principal meio para alcançar os padrões desejados por essa educação. Sobre isso, Araújo (2010, p. 16-17) diz que:

> *Postulou-se na primeira Conferência de Tbilisi que a Educação Ambiental é um elemento essencial para uma educação formal e não formal, e que dela resultarão benefícios para a humanidade. Chegou-se à conclusão de que a educação deveria, simultaneamente, preocupar-se com a conscientização, a transmissão de informação, o desenvolvimento de hábitos e a promoção de valores, bem como estabelecer critérios e orientações para a solução dos problemas, sendo assim organizar estratégias internacionais para ações no campo da educação e formação ambiental.*

Posteriores à Conferência de Tbilisi, ocorreram ainda muitos outros encontros mundiais que discutiram a EA, as formas de torná-la eficiente, suas políticas, deveres, falhas e necessidades:

- **1979** (San José, Costa Rica): Encontro Regional de Educação Ambiental para a América Latina.
- **1980** (Essen, Alemanha): Seminário Regional Europeu sobre Educação Ambiental para Europa e América do Norte.
- **1980** (Manama, Bahrein): Seminário Regional sobre Educação Ambiental dos Estados Árabes.
- **1981** (Monte Carlo, Mônaco): Seminário sobre Energia e Educação Ambiental na Europa.
- **1981** (Nova Délhi, Índia): Primeira Conferência Asiática sobre Educação Ambiental.
- **1984** (Sorocaba, Brasil): I Simpósio Nacional de Educação Ambiental.
- **1985** (várias localidades): Seminário sobre Educação Ambiental para professores de Ciências da América Central.
- **1985** (Santos, Brasil): II Simpósio Nacional de Educação Ambiental.

É possível percebermos, portanto, que, nos anos 1980, as questões ambientais passaram a ser mais discutidas, pois os impactos ambientais já eram muitos. No Brasil, essa década foi particularmente promissora, pois nela

> *O Conselho Nacional do Meio Ambiente (Conama) decreta a Resolução 001/86 para implementação da Avaliação de Impacto Ambiental (AIA) (1986); O Ministério da Educação (MEC) com o seu Plenário do Conselho Federal de Educação aprovam por unanimidade o parecer 226/87 que propõe a inclusão da EA dentro dos conteúdos curriculares das escolas de*

1º e 2º graus em [sic] (1987); em 1988, especialistas da América Latina, a convite do governo venezuelano, com o apoio do Orpal/Pnuma, reúnem-se em Caracas para discutir sobre a Gestão Ambiental na América Latina, e, a partir daí, elaborando [sic] a Declaração de Caracas. Em fevereiro de 1989, a Lei 7335 cria o Ibama, com a finalidade de formular, coordenar e executar a política nacional do meio ambiente. (Araújo, 2010, p. 20)

Está claro que o planeta havia se tornado uma preocupação imediata. Reforçando as ideias de totalidade, ou seja, da necessidade de uma ação realmente global partindo de cada indivíduo, o **II Fórum da Unesco sobre a Ciência e a Cultura** (realizado em Vancouver, Canadá, em 1989) afirma que toda a população mundial deve engajar-se nessa urgência de tomada de decisões, e não apenas deixar que as iniciativas sejam tomadas por grupos ecologistas ou governantes.

Muitos encontros, simpósios e conferências são realizados anualmente, no mundo todo, com o propósito de parar a degradação, ou mesmo minimizá-la, e recuperar o meio ambiente, mas é importante pensar que, sem o apoio dos "usuários do planeta", ou seja, de toda a humanidade, todos esses encontros oficiais estariam fadados ao fracasso.

Nos anos 1990, seguindo o modelo da década anterior, também houve muitos encontros de discussão ambiental, como, por exemplo, a **Conferência das Nações Unidas sobre o Meio Ambiente e o Desenvolvimento**, comumente chamada de *Rio-92* (também conhecida como *ECO-92*, Cúpula e Cimeira da Terra). Essa conferência aconteceu exatos 20 anos após a Conferência de Estocolmo e reuniu

Foto do encontro de líderes da ECO-92.

Agência O Globo

179 países com o objetivo de promover, em escala mundial, novos modelos de desenvolvimento sustentável. Foi proposta nesse evento uma série de diretrizes para tornar o mundo mais "saudável", com metas para a realização de ações concretas. Nesse encontro foram criados muitos documentos de suma importância para as propostas, leis e ações ambientais, como, por exemplo, o Tratado de Educação Ambiental para Sociedades Sustentáveis e Responsabilidade Global, que estabelece que a EA deve ser neutra, ensinada de forma a não prejudicar nenhum dos povos, respeitando as diferenças culturais e étnicas e, sobretudo, a capacitar as pessoas para tratar do meio ambiente e respeitá-lo.

Um dos principais resultados da ECO-92 foi a **Agenda 21**: um documento que estabelece princípios e intenções para os cuidados com o meio ambiente. A agenda trata temas como *meio ambiente, ecologia* e *desenvolvimento sustentável*, entre outros. Há muitas discussões presentes no documento, mas os temas tratados, em geral, são:

- Combate à desertificação e seca.
- Combate à pobreza.
- Combate ao desmatamento em todo o mundo.
- Conservação da biodiversidade.
- Cooperação entre as nações para conseguir formas de desenvolvimento sustentável.
- Crescimento demográfico com sustentabilidade.
- Desenvolvimento rural com sustentabilidade.
- Educação como forma de conscientização para a proteção do meio ambiente.
- Fortalecimento das ONGs na busca do desenvolvimento sustentável.
- Preservação dos ecossistemas do planeta com atenção especial aos mais frágeis.
- Preservação dos recursos hídricos, sobretudo das fontes de água doce.
- Proteção da atmosfera.
- Tratamento e destinação responsável dos diversos tipos de resíduos (sólidos, orgânicos, hospitalares, tóxicos, radioativos).
- Uso dos recursos da terra com planejamento e consciência.

1.2 *Rio+20: um avanço, um retrocesso*

Passados vinte anos da Conferência das Nações Unidas sobre Meio Ambiente e Desenvolvimento (Rio-92), na qual foi criado o documento chamado *Agenda 21*, e dez anos da Cúpula Mundial sobre Desenvolvimento Sustentável, ou Rio+10, que aconteceu em Joanesburgo, na África do Sul, a cidade do Rio de Janeiro foi sede da Conferência das Nações Unidas sobre Desenvolvimento Sustentável, encontro que recebeu o nome de *Rio+20*.

Cerimônia de encerramento da Conferência das Nações Unidas sobre Desenvolvimento Sustentável, a Rio+20.

Fabio Rodrigues Pozzebom/ABr

Durante esses anos de "interseção", sobretudo de 1992 a 2002, os países, em geral, pouco fizeram para cumprir os compromissos firmados na Agenda 21. O Brasil, no entanto, teve uma participação relativamente ativa nos quesitos ambientais, como, por exemplo:

- Durante esses dez anos, foram criados documentos, leis e resoluções de qualidade ambiental que minimizaram significativamente os impactos que o país vinha sofrendo, sobretudo no que diz respeito ao desmatamento da Amazônia;
- Foi promulgada a Lei nº 9.605, de 12 de fevereiro de 1998 (Brasil, 1998), que prevê sanções penais às condutas lesivas ao meio ambiente;
- Foi criada a Política Nacional de Educação Ambiental;
- Houve avanços nas unidades de conservação, por meio do Sistema Nacional de Unidades de Conservação (Snuc) e do Sistema de Tratamento de Esgoto Doméstico, nas pequenas e grandes cidades.

Diante dessas e de muitas outras propostas ambientais, o Brasil apresentou a proposta, na 64ª Sessão da Assembleia Geral das Nações Unidas, de sediar o encontro da Rio+20, a qual foi aprovada em 2009.

Nos anos que precederam o aguardado encontro, as expectativas mundiais foram enormes, sobretudo no que se refere aos ambientalistas. Esperava-se que, na Rio+20, fosse criado um documento e muitos acordos que beneficiassem ao máximo as questões ambientais e de desenvolvimento sustentável. A perspectiva era de que não só fossem avaliadas as ações mundiais (nesse caso, principalmente o cumprimento da Agenda 21) nos últimos 20 anos, mas que também fossem abordadas maneiras de preservar o meio ambiente sem deixar o progresso econômico mundial de lado. Contudo, até mesmo antes da conferência já era possível prever que firmar um documento que agradasse a todos seria muito difícil, pois – como vimos em nosso estudo até agora – as perspectivas e necessidades dos países se alteram à medida que são diferentes suas condições econômicas e culturais.

> *Segundo o embaixador André Aranha Correa do Lago, diretor do departamento de meio ambiente do Ministério das Relações Exteriores, e negociador-chefe do Brasil na Rio+20, "A questão institucional da conferência [seria] a revisão do mandato do PNUMA (Programa das Nações Unidas para o Meio Ambiente), mas não exatamente a criação de uma organização mundial de meio ambiente, uma proposta dos europeus que o Brasil acha que não resolve os dilemas atuais. O que pedimos insistentemente é uma instituição que lide com desenvolvimento sustentável e não somente com meio ambiente. A proposta inicial europeia deturpa o conceito de desenvolvimento sustentável, é um retrocesso a 1972, ano da Conferência de Estocolmo, quando a preocupação deles era o fim dos recursos naturais. [...] Os europeus estão voltando para a visão de mundo pré-1972. Defendem agora a criação de uma Organização Mundial do Meio Ambiente para salvaguardar os recursos naturais do planeta. Mas, salvaguardar para quem? Para eles? É como se dissessem: vocês, os pobres, precisam planejar seu crescimento populacional e também gastar menos recursos naturais, porque nós, os ricos, precisamos deles".* (Louredo, 2012)

Ou seja, mesmo antes da conferência, já era sabido que os debates seriam cansativos e que haveria necessidade de muita persuasão, "jogo de cintura" e, acima de tudo, consentimento de todos os lados, para que um documento consistente fosse criado.

A Rio+20 aconteceu de 13 a 22 de junho de 2012, na cidade do Rio de Janeiro, com a intenção, então, de construir uma agenda de compromissos de desenvolvimento sustentável para as próximas décadas. O grande objetivo foi a renovação do compromisso político governamental com o desenvolvimento sustentável, por meio de tomada de decisões e de avaliações adotadas pelas principais cúpulas, bem como de assuntos que devem ter tratamento emergencial.

Contou com a participação de chefes de estado de 190 países, que propuseram mudanças principalmente na forma como estão sendo utilizados os recursos naturais no planeta. O evento ocorreu em dez locais, sendo que o principal foi o Riocentro – local dos debates, das plenárias e de grandes discussões, além do Aterro do Flamengo e o Museu de Arte Moderna do Rio de Janeiro.

O Brasil foi representado por diversas autoridades governamentais e também criou um Comitê Facilitador, representado pelo Fórum Brasileiro de ONGs e Movimentos Sociais. Outra participação maciça no evento foi a do Fórum Social Mundial, sobretudo porque as questões sociais foram norteadoras de todos os debates.

No campo empresarial, destacou-se o Instituto Ethos, com várias iniciativas, como a criação de uma Plataforma por uma Economia Inclusiva, Verde e Responsável. Essa plataforma já é uma realidade em diversos segmentos empresariais brasileiros.

No campo internacional e econômico, alguns debates criaram o conceito de *movimentos compartilhados*, que foi admitido pelo Banco Interamericano de Desenvolvimento (BID), pelo Fundo Monetário Internacional (FMI), pela Organização Mundial de Saúde (OMS) e pela Organização Internacional do Trabalho (OIT), que estão desconectados do movimento ambiental e têm grande poder político.

A Rio+20 teve três momentos principais: a III Reunião do Comitê Preparatório, com a presença dos representantes governamentais para articulação dos documentos aceitos na Conferência; os Diálogos para o Desenvolvimento Sustentável; e, finalizando como "ponto alto da festa", o "Segmento de Alto Nível", com a participação dos chefes de Estado e de governo dos países-membros da ONU.

As fervorosas discussões foram pautadas sobre os seguintes temas: o balanço sobre as ações desenvolvidas nos últimos 20 anos, a relevância da economia verde, os incentivos para o desenvolvimento sustentável, as medidas de erradicação da pobreza e a governança internacional. O plano de fundo foi, basicamente, os temas apresentados na sequência.

- O desenvolvimento sustentável, a economia e a erradicação da pobreza: a Rio+20 tratou especialmente sobre a sustentabilidade, sobretudo no que se refere ao meio empresarial, e também sobre a "economia verde" e as possibilidades de erradicação da pobreza por meio desses dois outros temas. A economia verde fundamenta-se na observância da finitude dos recursos naturais. É uma economia de preservação e conservação ambiental focada nos princípios adotados na logística reversa, que, no Brasil, vem avançando muito. A erradicação da pobreza, por sua vez, depende principalmente do fortalecimento de políticas públicas para este fim. A sociedade precisa de educação (fundamental e superior), produção de alimentos mais saudáveis e de acesso a todas as camadas sociais. É necessária, também, a socialização do acesso ao conhecimento e a democratização desse acesso, sobretudo no que se refere à tecnologia (como a internet). Essas metas, no entanto, precisam da cooperação de todos os países, em especial de países ricos em fortalecer os regimes democráticos dos países pobres, para serem atingidas.

- A estrutura institucional para o desenvolvimento sustentável: este item, de acordo com Buss (2012, p. 3), refere-se basicamente:

  À plena consideração do conceito de desenvolvimento sustentável na tomada de decisão dos atores dos pilares econômico, social e ambiental, de forma a alcançar maior sinergia, coordenação e integração entre as três dimensões do desenvolvimento sustentável, com vistas a superar a prevalência de visões ainda setoriais, vinte anos após a definição do desenvolvimento sustentável como prioridade mundial.

As discussões sobre a formulação do documento final para a Rio+20 foram, como já dissemos, fervorosas e complicadas. Um exemplo disso é a matéria da revista *Veja*, que registrou alguns instantes da formulação do documento final:

Jogos diplomáticos: como nasceu o texto da Rio+20

"Grupo G-77, vocês chegaram a um acordo?", vociferava o embaixador brasileiro Luiz Alberto Figueiredo Machado ao coordenar uma das últimas rodadas de negociações a portas fechadas da Rio+20. Em resposta, o representante do grupo hesitava: "Desculpe embaixador, parece que não temos concordância".

Três dias antes, quando Figueiredo Machado anunciou que o Brasil assumiria as rédeas das negociações, a conferência estava à beira do colapso. Após quatro encontros preparatórios – três em Nova York e um já no Rio –, que tiveram início no dia 19 de março, os grupos e subgrupos liderados pelos copresidentes indicados pela ONU, John Ashe, de Antigua e Barbuda, e Kim Sook, da Coreia do Sul, se engalfinharam na composição de um texto que passou de 19 páginas, quando foi publicado o rascunho pela primeira vez, para mais de 200 páginas, diante das sugestões dos países. Após o terceiro encontro, o documento retornou para 80 páginas, mas chegou ao Rio com 259 parágrafos marcados por colchetes, que, na diplomacia, são sinal de contestação. Os três dias de Comitê Preparatório, iniciados no dia 13, não representaram avanço significativo. O documento tinha pouco mais de um terço do seu conteúdo sob consenso – apenas os parágrafos mais evasivos e retóricos – e o fantasma da

conferência do clima de Copenhague (2009) parecia assombrar também aquela que foi pensada e organizada para ser a maior cúpula da história, a Rio+20.

Em meio à tensão, a avaliação era de que Ashe e Sook haviam estabelecido um processo complexo e demorado, ainda que democrático, que envolvia projetar trechos do texto na tela e estimular as discussões parágrafo por parágrafo, enquanto os impasses permaneciam em conceitos maiores. Além disso, os dois pareciam não se comunicar muito bem e, nos corredores, delegados afirmavam que ambos tinham uma concepção divergente do que a Rio+20 deveria ser.

À meia-noite do dia 16, quando a equipe do Itamaraty assumiu os trabalhos, não havia mais tempo a perder. Era preciso energia e certa dose de autoridade. Começou então a nascer o documento que se tornaria a versão final da Rio+20, um resultado contestado por ONGs e autoridades, mas que, pelo que indicavam as negociações, talvez jamais chegasse a algo "ambicioso" como se queria por uma razão simples: o processo, até aqui, tornava impossível conciliar ambições e medos tão diferentes entre os países-membros da ONU.

O chanceler Antônio Patriota reuniu a equipe e começou a apresentar as cartas. A primeira foi um novo texto, completamente limpo, sem qualquer colchete. Liderados por Figueiredo Machado e pelo negociador chefe, André Corrêa do Lago, os diplomatas reorganizaram a discussão e começaram a dura tarefa de fazer o texto do Brasil passar pelo ajuste e pela aprovação de todos.

O MAGO – Figueiredo Machado não é figura desconhecida dos delegados que acompanham as negociações internacionais para o meio ambiente. Desde 2005, ele integra as comissões brasileiras para as maiores conferências e, em 2011, assumiu a subsecretaria do Itamaraty para o Meio Ambiente, Energia, Ciência e Tecnologia. Seu grande feito ocorreu há pouco mais de seis meses, mas já circula nos bastidores da ONU como lenda diplomática. Quando a Conferência das Partes para a Convenção sobre Mudança Climática de Durban (2011) estava a ponto de seguir os passos do fantasma Copenhague, o embaixador soprou uma frase nos ouvidos dos colegas e, no último minuto da "prorrogação" – as negociações já haviam se estendido 36 horas além do previsto –, aquele palpite salvou a conferência. A mágica de Figueiredo Machado foi uma demonstração de habilidade jurídica. Diante de um impasse aparentemente sem solução, o embaixador cunhou a expressão "resultado acordado com força de lei", que pareceu conciliar duas posições contraditórias. A Índia não queria assinar um tratado com comprometimento legal e a União Europeia exigia que o tratado tivesse vínculo jurídico. Ao contrário de Copenhague, Durban figura no *hall* recente de conferências bem-sucedidas.

Por isso, às 21h05 do dia 18, a figura no centro da mesa da sala B do Pavilhão 3 do Riocentro impunha respeito. "E então G-77, vocês chegaram a um acordo?

Preferem que eu arbitre? Eu posso arbitrar. Já fiz isso muitas vezes. Por favor, cheguem a um acordo, caso contrário eu vou decidir", dizia Figueiredo Machado para os negociadores da reunião fechada. Sob pressão do presidente de mesa, o G-77, grupo formado por mais de 130 países, entre eles o Brasil, levou seis minutos para consultas, mas cedeu. "Embaixador, desculpe a demora, mas temos boas notícias. Concordamos com o parágrafo referido, que foi oferecido pela União Europeia", afirmou o representante do grupo.

O embaixador brasileiro ordenou então a leitura do novo parágrafo acordado para que todos tomassem nota, mas sem perder em [sic] vista os ponteiros do relógio. "Poderia ler mais rápido e não tão devagar?", pediu, com firmeza, sendo novamente atendido. Se alguém ainda não tinha entendido, ficou claro: os trabalhos, além de sérios, naquele ponto precisavam ser também rápidos – ou o Brasil começaria a cúpula de chefes de estado desmoralizado por não cumprir o prazo alardeado na véspera, para a conclusão do texto.

Duas outras deliberações foram discutidas na reunião, mas dessa vez o embaixador não conseguiu vencer a resistência de um negociador irredutível. "Agradeço os esforços dos amigos do G-77 em tentar rever a condição apresentada, mas a nossa posição é clara: os dois parágrafos devem ser descartados, isso é inegociável", disse o representante dos Estados Unidos, ao rejeitar textos que mencionavam tratados anteriores e a questão da erradicação da pobreza. A reunião terminava ainda com muitos impasses.

A madrugada do dia 19 foi escaldante. Após uma confusão de troca de salas e desorientação geral, a plenária convocada pelo Brasil para apresentar o documento havia atrasado três horas. Janez Potocnik, comissário do meio ambiente da União Europeia e chefe de delegação do bloco, reclamava à imprensa que não poderia votar, pois ainda não tinha visto o texto final. Avisado por assessores, Figueiredo Machado deixou a sala e foi em direção ao colega. Potocnik sorriu e estendeu a mão para o embaixador brasileiro. Machado cumprimentou o europeu. "É linda essa cidade, é um prazer estar aqui. Essa é sua cidade?", perguntou Potocnik. "Sim, sou do Rio. É bom tê-lo aqui", respondeu Machado, olhando firme, sem soltar a mão do colega. O embaixador falou algo em tom baixo e depois retornou à sala. Potocnik sentou e compartilhou um pacote de biscoitos com jornalistas até que, às 2h18, o chanceler Patriota anunciou que [o] Brasil tinha chegado a um texto final. Mas o europeu e as demais delegações tiveram que aguardar até às 7h para ver o resultado.

A MÁGICA – Ao meio-dia do dia 19, as olheiras e bocejos de delgados não arrefeciam os embates. O texto apresentado pelo Brasil tinha passado por cinco horas de avaliação e o país anfitrião queria aprová-lo. Em frente à mesa principal, Patriota ouvia os protestos. "O texto diz fortalecer o PNUMA, mas na verdade o enfraquece", dizia um delegado do Quênia. "O termo *upgrade* pode aos poucos retirar o PNUMA de Nairóbi e enfraquecê-lo no território africano", protestava outro. O chanceler rebateu os argumentos até o último minuto. Subiu à mesa e falou, ainda em meio à agitação. "Não ouço objeções. Assim está decidido". E bateu o martelo às 12h18, desagradando a gregos, troianos e alemães – que se uniram em uma vaia pouco calorosa –, mas exorcizando o fantasma de Copenhague.

Os 283 parágrafos de "O Futuro que Queremos", o texto que os chefes de estado acabaram ratificando na sexta-feira sem ousar reabrir negociações, certamente está aquém da expectativa de todos. O G-77 queria financiamento e transferência tecnológica. A Europa queria que o mundo adotasse a economia verde. A ONU desejava promover os Objetivos do Desenvolvimento Sustentável. Os Estados Unidos esperavam aprovar o direito de reprodução. Os africanos lutavam para que o PNUMA fosse elevado à condição de agência especializada – algo semelhante à OMS, na saúde. Na verdade, o documento não define nenhuma dessas intricadas e difíceis ambições — ainda mais sob as nuvens negras da crise econômica. Patriota pondera: "O resultado não deixa de ser satisfatório porque existe um resultado. A perspectiva era de ter texto ou não ter texto. Temos um texto. As críticas são bem-vindas", disse.

A saída diplomática que o Brasil administrou foi um truque similar ao de Durban. Em vez de acordarem a criação de um fundo para financiamento e dizer o quanto vão doar, os países usam a conferência para prometer a criação de um fundo até 2014. Em vez de criar uma agência para o PNUMA, estabelecem formas de fortalecimento e abrem espaço para uma futura atualização. E se não define metas claras para o desenvolvimento sustentável, cria-se um processo intergovernamental para discutir a criação dos objetivos.

Em Durban, sob a batuta de Figueiredo Machado, os países não substituíram o caquético Protocolo de Kyoto, tampouco estipularam novas metas para a redução de emissões de gases. Mas eles prometeram que vão criar metas até 2015 para serem adotadas a partir de 2020. No final, só o futuro – seja ele o que queremos ou não – vai dizer se as mágicas da diplomacia brasileira vão funcionar. Ou se mais um texto vai virar abóbora quando as promessas vencerem.

Fonte: Revista Veja, 2012.

O documento final da Rio+20, intitulado "O Futuro que Queremos"*, é tímido e inconsistente. Limita-se a reafirmar os acordos da Agenda 21 e citar algumas das principais ameaças que o planeta vem sofrendo (esgotamento dos recursos pesqueiros, desertificação etc.). Em virtude disso, é tido por muitos

* *O documento final pode ser lido, na íntegra, na página da ONU. Disponível em: <http://www.uncsd2012.org/thefuturewewant.html>. Acesso em: 28 set. 2012.*

como um retrocesso, pois, ainda que as expectativas para esse documento sejam modestas, os resultados não agradaram e os impasses gerados pelas exigências estabelecidas entre os países desenvolvidos e em desenvolvimento culminaram apenas em reafirmar as frustrações daqueles que torcem e agem para um desenvolvimento sustentável do planeta e, sobretudo, daqueles que sabem que o planeta em questão é o mesmo para todos os países.

Como já era esperado pelos que acompanhavam o evento, o documento final foi composto por intenções e, assim, adiou para os próximos anos as possíveis consolidações de medidas efetivas para tentar proteger o meio ambiente e garantir a vida no planeta. Os analistas tentaram – mas não convenceram – justificar a falta de efetividade do evento com a decorrente crise econômica mundial de 2012, dizendo que tais acontecimentos comprometeram as negociações para a Rio+20 e que, por essa razão, as decisões efetivas foram prejudicadas.

Em nosso entendimento, no entanto, permitir que uma crise prejudique um momento de resolução de outra crise (esta que é, no mínimo, de igual magnitude) é demonstrar um despreparo ou descaso que, em ambos os casos, é temeroso. Muitos foram os comentários sobre os resultados da conferência, mas o tom desses comentários foi, basicamente, o mesmo: o de "grande fracasso". Isso acontece principalmente porque é nítido que as questões ambientais mundiais deveriam ser tratadas com primazia, que a ordem ambiental das coisas é urgente e necessita de ações que saiam do campo metodológico para o campo prático, pois só assim teremos êxito em longo prazo em garantir às gerações vindouras/futuras uma qualidade de vida que lhes permita perpetuar a espécie humana e garantir a perpetuação de todos os demais seres vivos.

Não podemos desmerecer, no entanto, a importância de um evento dessa magnitude, pois a iniciativa, por si só, de reunir todos esses países para a discussão das questões ambientais já é um avanço. Analisar, criar, discutir e debater propostas a fim de criar um documento que seja adotado por todos os países participantes é, sejamos sinceros, ainda mais difícil, como aponta Paula (2012):

> *A vantagem de se ver um jogo de futebol em comparação a acompanhar uma* ***Conferência das Nações Unidas*** *é que o jogo geralmente é muito mais divertido e seu resultado pode ser conhecido em apenas 90 minutos. As possibilidades de desfecho são apenas vitória de um dos dois ou empate. Uma conferência da ONU é um pouco diferente. Seu resultado mais visível é um documento oficial, que tende a ser muito cheio de dedos, já que precisa ser fruto de consenso entre representantes de quase 200 países. Daí a dificuldade de produzir acordos ousados, inovadores, à altura dos desafios do* ***desenvolvimento sustentável****. Essa dificuldade não justifica, contudo, a análise rasa com que alguns apressados se dispõem a acusar,*

julgar, condenar e sepultar a ***Rio+20*** *depois de cravar-lhe no peito a estaca do "grande fracasso". Essa análise apressada prefere ignorar que a conferência não fracassou, já que produziu um texto assinado por todos e aponta para novas condições de inovação. Ignora ainda que o valor de encontros globais desse tipo vai muito além do documento assinado por governos nacionais. Esse valor começa na própria mobilização e consciência que o encontro criou. Se quisermos pensar em termos de "vitória" ou "derrota", não seria difícil identificar vitória em um movimento que, em apenas um ano, fez com que o entendimento de* ***escolhas sustentáveis****, por parte do senso comum, saltasse da simplória imagem de alguém escovando os dentes com a torneira fechada para a compreensão mais ampla de temas e conceitos como energias renováveis, ciclos de vida de produtos, urgência de* ***mudanças em padrões de consumo****, distinção entre valor de uso e valor de troca ou de como certas práticas econômicas do passado pressionam os* ***recursos naturais*** *a ponto de inviabilizar o futuro.* [grifo do original]

É ambíguo, portanto, o sentimento da maioria dos ambientalistas em relação à Rio+20, pois, como vimos, se, de um lado, temos uma reunião de quase duzentos países dispostos a discutir a criação de padrões para o meio ambiente e a sustentabilidade (o que é muito bom), de outro, esses mesmos países são inflexíveis quanto às normas criadas para o documento final dessa reunião, o que faz com que o documento seja considerado fraco, inconsistente. As nações não estão, portanto, dispostas a mudar seus padrões de consumo (e correr o risco de enfrentar mudanças econômicas) para que exista uma mudança ambiental, ao mesmo tempo em que se reúnem e exigem que as outras nações o façam. A solução, no entanto, é uma só: se cada um fizer a sua parte, com consciência ambiental, e se os países efetivamente cumprirem as resoluções firmadas no documento "O Futuro que Queremos", já estaremos dando um grande passo e fazendo com que tão grande reunião tenha valido a pena.

1.3 *O desenvolvimento sustentável e o capitalismo global*

A proposta mundial para o desenvolvimento ligado à preservação do meio ambiente baseia-se, sobretudo, no conceito de *desenvolvimento sustentável*. Esse conceito, basicamente, objetiva o estabelecimento de um vínculo saudável entre o desenvolvimento econômico e a preservação (uso com consciência) dos recursos naturais. Surgiu com a percepção mundial de que a urbanização não planejada e o desenvolvimento acelerado, principalmente no que se refere às atividades industriais, causam efeitos que afetam negativamente a vida social e os nossos ecossistemas, especialmente em áreas em que o equilíbrio ambiental é mais fragilizado, promovendo, dessa forma, conflitos relacionados ao acesso à água, à comida e à terra, além de consequências como a diminuição da diversidade biológica e cultural e a depredação dos patrimônios naturais e históricos.

Torres de energia solar, fonte de energia renovável. Andaluzia, Espanha.

Koza1983/WM

A proposta mundial para o desenvolvimento ligado à preservação do meio ambiente baseia-se, sobretudo, no conceito de *desenvolvimento sustentável.*

Como pudemos observar anteriormente, **desde que a natureza passou a ser vista como algo afetável, a sociedade civil, os governos e a população de inúmeros países têm se preocupado com os impactos ambientais e com as formas de evitá-los.** Muitos governos e organizações passaram, então, a buscar formas de propiciar esse desenvolvimento sustentável, alternativas que suprissem as necessidades da população (inclusive no que se refere às futuras gerações), mas que mantivessem a qualidade ambiental e, consequentemente, a qualidade de vida.

Essa meta de desenvolvimento, mantendo o crescimento econômico sem que, para isso, sejam destruídos ou ameaçados os recursos naturais, exige profundas transformações, em todos os âmbitos, na sociedade.

Para integrar o respeito aos direitos humanos com a ética da sustentabilidade ecológica, precisamos perceber que a sustentabilidade, tanto nos ecossistemas quanto na sociedade humana, não é uma propriedade individual, mas de toda a teia de relacionamentos que envolve todas as comunidades. Uma comunidade humana interage com os outros sistemas vivos, de maneira a permitir que esses sistemas vivam e se desenvolvam cada qual de acordo com a sua natureza (Capra, 1996).

A proposta aceita mundialmente para o desenvolvimento sustentável é, portanto, a que estabelece que a sustentabilidade ecológica constitui-se, também, uma condição da sustentabilidade do processo econômico. Ou seja, fatores como pobreza, desigualdade e degradação ambiental não podem ser analisados de maneira isolada.

Dessa forma, o desenvolvimento sustentável só é atingido quando o uso dos recursos naturais objetiva a redução da desigualdade e da pobreza, promovendo: justiça, visando condições adequadas de vida; cultura, sem detrimento de práticas e costumes populares; arte, disponível e acessível a toda a população; condições políticas que garantam participação democrática e participação populacional nas decisões.

Nesse sentido, os desenvolvimentos econômicos devem servir às leis de funcionamento dos sistemas naturais, ao respeito à dignidade humana e à melhoria da qualidade de vida das pessoas, ou seja, devem ser subordinados a todos esses quesitos. Logo, o desenvolvimento sustentável deve ser capaz de compatibilizar o rápido crescimento econômico, o que exige políticas apropriadas, planejamento prévio e investimentos criteriosos.

Para Capra (1982), há dois processos de transformação social vigentes, que têm forte influência na forma de vida da humanidade. O primeiro deles é chamado de *capitalismo global*, e o segundo, de *surgimento de comunidades sustentáveis*: o primeiro conectado a uma rede financeira, com fluxo de informações, e o segundo a uma rede ecológica, com fluxo de matéria e energia se contrapondo à maximização dos lucros com a sustentabilidade. De acordo com o autor, a rede do capitalismo global surgiu, nos últimos 30 anos, por uma revolução na informação, como um novo tipo de capitalismo, diferente do promovido pela Revolução Industrial, e apresenta três características fundamentais:

1. Atividades econômicas centralizadas sob uma perspectiva global.
2. Inovação somada à informação como principais fontes geradoras de produtividade e de competitividade.
3. Base de sustentação em uma ampla rede de fluxo financeiro.

Nesse modelo capitalista de economia, as operações financeiras ocorrem em tempo real, movimentando consideráveis somas de uma região para outra em busca de novas oportunidades que, segundo Capra (2004, p. 9), não seguem nenhuma lógica de mercado, sendo manipuladas e "controladas por estratégias de investimentos elaboradas por computadores, percepções subjetivas de analistas influentes e por eventos políticos que ocorrem em qualquer parte do mundo". As turbulências, nas grandes economias, são causadas por complexas relações no fluxo financeiro nesse sistema não linear, como as recentemente ocorridas no México, em 1994, na Rússia, em 1998, e, atualmente, em vários países da Europa, com repercussões mundiais.

O impacto do capitalismo global tem sido altamente nocivo à sociedade e aos fatores ambientais, pois promove o empobrecimento generalizado das populações e, consequentemente, quedas bruscas na qualidade de vida. A elite dominante, por sua vez, no modelo capitalista, torna-se centralizadora de riquezas e de informações, além de possuir, subjetivamente, voz muito ativa nas tomadas de decisões governamentais.

Como exemplo dessa "elite detentora do poder" e, sobretudo, de que, agindo em conjunto, a população pode ter força suficiente para não só promover a preservação ambiental, mas também para bloquear qualquer ação que possa ser prejudicial ao meio ambiente e à qualidade de vida, temos o evento que ficou conhecido com *Coalizão de Seattle*.

> O desenvolvimento sustentável deve ser capaz de compatibilizar o rápido crescimento econômico, o que exige políticas apropriadas, planejamento prévio e investimentos criteriosos.

Em 30 de novembro de 1999, a Organização Mundial do Comércio (OMC) realizou um encontro para discutir novas propostas de "aberturas" de fronteiras comerciais e muitas outras questões. Essa reunião, bem como as decisões a serem tomadas nela, foi considerada antidemocrática, pois interferia no modo de vida de todas as populações sem absolutamente nenhuma política ambiental ou sustentável.

Para Saber Mais

O evento conhecido como *Coalizão de Seattle* foi um manifesto organizado por mais de 50 mil pessoas, de mais de 700 organizações, que desvirtuou e abalou a reunião da OMC usando ações muito bem orquestradas, com base em estratégias de rede.

> ***Eram organizados, educados e determinados. Eram defensores dos direitos do trabalho, membros de povos indígenas, religiosos, metalúrgicos e agricultores; eram defensores das florestas, ambientalistas, defensores da justiça social, estudantes e professores; e queriam que a Organização Mundial do***

Comércio os escutasse. Falavam em nome de um mundo que não foi melhorado pela globalização. (Hawken, citado por Capra, 2005, p. 225-226).

O sucesso da Coalizão de Seattle foi o ponto de partida para a criação do Fórum Social Mundial, realizado em Porto Alegre (Brasil) com o tema *Um outro mundo é possível*, no qual foram realizadas discussões em prol da sustentabilidade ecológica vinculada à dignidade humana. Foi um passo grandioso.

É impossível negar que o capitalismo global tem dado ascensão à economia de muitos países em desenvolvimento – principalmente do grupo de países chamado *Brics* (Brasil, Rússia, Índia, China e, mais recentemente, África do Sul) –, mas também que essa ascensão tem graves consequências ambientais e sociais. A "nova economia" tem sido precursora de grandes mudanças, mas também de desigualdades jamais vistas.

> *A ascensão do capitalismo global tem sido acompanhada pela ascensão e polarização das desigualdades sociais dentro e fora dos países, em particular a pobreza, e as desigualdades sociais têm aumentado através do processo de exclusão social, o qual é uma consequência da estrutura em rede da nova economia. À medida que o fluxo de capital e a informação interligam redes de escala mundial, eles excluem destas mesmas redes todas as populações e territórios que não têm valor ou interesses para suas buscas de ganho financeiro. Como resultado, certos segmentos da sociedade, áreas das cidades, regiões e mesmo países inteiros tornam-se economicamente irrelevantes. Assim, um novo segmento empobrecido da humanidade emerge em volta do mundo como consequência direta da globalização. Isto compreende grandes áreas do planeta, como as áreas abaixo do Saara Africano, as áreas rurais da Ásia e da América Latina. Mas a geografia da exclusão social também inclui porções de todos os países e de todas as cidades do mundo. Se você quer a face humana da globalização, veja as fotos do conhecido fotojornalista brasileiro Sebastião Salgado. Dois anos atrás ele completou um projeto de sete anos intitulado "Migrações" que o levou a quarenta países em volta do mundo, onde ele tirou milhares de fotos de migrantes e refugiados, mostrando seus grandes pesares e tristezas, mas também sua coragem e infinita esperança. As fotos épicas de Salgado, de um mar de humanidade sem fim, são um impressionante testemunho da dignidade humana e do fracasso do capitalismo global.* (Capra, 2004)

Os impactos socioambientais da globalização são temas fortemente discutidos e, de acordo com a análise de cientistas sociais, a economia que se estabelece sob esses moldes produz consequências como: a exclusão social; a destruição da democracia, dos ecossistemas; o aumento da pobreza e densas alienações cultural, social e política.

É importante não esquecer que o mercado global, ou a *nova ordem mundial*, como é chamado, é composto por redes de computadores que geram informações comerciais e financeiras. Se essas máquinas são programáveis, seria também possível incluir, nessa rede eletrônica, valores sociais e ambientais? Para Capra (2004), "Qualquer discussão realista para mudar o jogo deve começar reconhecendo que a globalização econômica foi projetada conscientemente e pode ser alterada". Para esse autor,

> *Na verdade, trabalhar em rede tem sido uma das principais atividades das organizações políticas de base por muitos anos. Os movimentos ambientais, os movimentos pelos direitos humanos, os feministas, os movimentos pela paz e muitos outros movimentos de base política e cultural têm se organizado como rede que transcendem [sic] as fronteiras nacionais. O Fórum Social Mundial é uma celebração do trabalho global em rede. Com o uso inteligente da internet, as ONGs são capazes de partilhar informação e mobilizar seus membros com uma velocidade sem precedentes. Como resultado, as novas ONGs globais emergem como atores políticos efetivos, independentes da tradição nacional ou instituições internacionais. Eles constituem-se numa nova espécie de sociedade civil global. Para colocar um discurso político dentro de uma perspectiva sistêmica e ecológica, a sociedade civil global apoia-se numa rede de pensadores, institutos de pesquisa, grupos de intelectuais, e centros de aprendizados que operam totalmente à margem das nossas instituições acadêmicas, organizações de negócios e agências governamentais. Hoje existem dezenas dessas organizações de pesquisas e aprendizado no mundo. A característica comum entre elas é que executam suas pesquisas e ensinam dentro de uma estrutura explícita de valores centrais partilhados.* (Capra, 2004)

1.3.1 Os acordos de livre comércio e o meio ambiente

Acordo de livre comércio é o nome dado ao documento que libera uma área de livre comércio ou zona de livre comércio. **Esse procedimento estimula o comércio entre os países do grupo e consiste, basicamente, em eliminar tarifas dos bens importados e exportados entre esses países.** É importante ressaltar que há acordos que eliminam todas as tarifas, quotas e preferências, e outros que eliminam boa parte delas, ou seja, nem todos os acordos são iguais. Veja, no Mapa 1.1, um apanhado geral das zonas de livre comércio espalhadas pelo mundo.

De acordo com a OMC, os acordos de livre comércio promovem fortes avanços na economia global, o que provoca diminuição da pobreza, pois os benefícios alcançados atingem as bases menos favorecidas da sociedade. Contudo, para Capra (2004), "esta afirmação está fundamentalmente errada. O capitalismo global não mitiga a pobreza e a exclusão social; ao contrário exacerba-os". Isso ocorre porque, nas previsões dos economistas neoliberais das grandes corporações, não se incluem aos custos produtivos os custos sociais e ambientais, presentes nas atividades econômicas e deliberadamente ignorados.

Mapa 1.1 – Mapa dos acordos de livre comércio

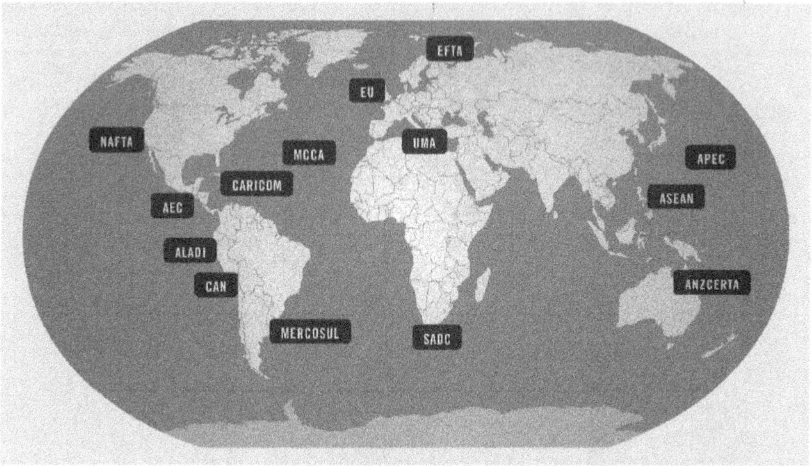

Paulo Ricardo Reinehr

Dessa forma, podemos refletir sobre algumas das questões do neoliberalismo, que propõe uma especificação na produção para os países pobres – ou seja, o que cada país tem direito de produzir e o que é permitido consumir. Assim, estabelecem-se linhas de produção para um determinado grupo de mercadorias possíveis de serem fabricadas e exportadas, promovendo entrada de divisas de tal forma que as demais mercadorias necessárias seriam obrigatoriamente importadas. Essa "determinação" com base em acordos comerciais tem levado países a um grave esgotamento dos seus recursos. São incontáveis os exemplos de como a nova economia agrava a destruição ambiental. Sobre isso, devemos considerar algumas questões importantes:

- Será que alguns países estão fadados a serem apenas fornecedores de matéria-prima e, então, não usufruem dos benefícios proporcionados pelo capital gerado pelo valor agregado?

- Nos acordos comerciais, podemos esperar programas compensatórios para os países que exaurem a sua terra para fornecer o produto essencial na fabricação de equipamentos consumidos pelos países ricos?

Para refletir

O coltan (ou columbita-tantalita) é um mineral largamente utilizado na fabricação de celulares, videogames e outros aparelhos eletrônicos. Nos últimos anos, o Congo se tornou um dos maiores produtores do mundo desse mineral, que é também conhecido como "ouro azul". Entidades de direitos humanos, no entanto, apontam que a produção do coltan tem financiado trabalho escravo infantil e a guerra civil no país (e traçam um paralelo com a exploração dos famosos "diamantes de sangue"). Esse é o tema do documentário "Sangue no Celular" ("Blood in the Mobile", Dinamarca, 2010), do diretor Frank Piasecki Poulsen, que esteve no Congo em 2008 e investigou as condições de trabalho nas minas ilegais do país. "A primeira vez que eu subi a montanha na beirada da mina de Bisie, vi uma cratera de 800 por 500 metros, e era como o inferno na Terra. É impossível descrever esse cenário de pesadelo e sofrimento", conta o diretor em entrevista ao *site* do Instituto de Cinema Dinamarquês (DFI). "Cerca de 25 mil pessoas, em sua maioria crianças e adolescentes, trabalham na mina de Bisie. Ninguém envelhece lá. E tudo é caríssimo. Você tem que pagar por proteção, abrigo, por ferramentas de trabalho e, é claro, por comida e bebida. Uma cerveja custa 12 dólares, um refrigerante custa 7. Crianças e jovens vão pra lá achando que vão ganhar dinheiro rápido, mas são engolidos por um sistema em que o custo de vida é tão alto que eles não conseguem mais ir embora. Eles ficam aprisionados", conta Poulsen. Para o diretor, grande parte da responsabilidade pela existência dessas minas ilegais do Congo pertence a empresas que compram o coltan produzido lá.

Fonte: Farinaci, 2011.

O **Mercosul**, por exemplo, objetiva que os países integrantes tenham maior competitividade no mercado global. É importante lembrar que os integrantes desse grupo têm passados negligentes quanto às questões ambientais, então, a extração de mais recursos, se não for feita conscientemente e regida por políticas de melhorias sociais e de preservação ambiental, poderia agravar a situação desses países, que já foram tão degradados desde suas colonizações. Esperamos, porém, que exemplos de países desenvolvidos que já tiveram cenários de degradação intensa (como a Alemanha e a Inglaterra, por exemplo) possam potencializar os mecanismos de proteção dos países ainda em desenvolvimento.

1.4 *O processo brasileiro de industrialização e o meio ambiente*

Como vimos anteriormente, há algumas décadas a poluição do meio ambiente, sobretudo aquela gerada pelas indústrias, era vista como algo comum, inevitável ao processo de desenvolvimento. Isso provocou grandes impactos ambientais em todo o mundo. No Brasil não foi diferente.

É claro que toda atividade humana tem impactos ambientais, principalmente as atividades industriais, contudo, no que se refere à América do Sul e, para efeitos do nosso estudo, ao Brasil, é necessário redobrar as atenções quanto às questões ambientais, pois, como já citado, os recursos naturais do país sofreram grandes explorações durante séculos. Em primeiros momentos, na condição de país colonizado, depois, na condição de império e, por fim, em processos de industrialização.

Os anos de 1970 marcaram um período de destruição intensiva dos ecossistemas brasileiros devido à instalação de grandes indústrias estrangeiras, vindas de países desenvolvidos. Um exemplo disso foi a designação de uma grande área da capital paranaense para a construção da **Cidade Industrial de Curitiba**, a qual foi marcada por muitos **acidentes ambientais**.

> A ideia de que o controle ambiental é uma barreira para o desenvolvimento industrial é muito comum.

A situação nacional ambiental da época, no entanto, não pode ter um dimensionamento real porque não existem pesquisas suficientes sobre emissões de poluentes e impactos ambientais causados pelas indústrias naquele momento. Mas alguns dos motivos para essa grande degradação podem ter sido a **falta de interesse político** e a **ausência de normas ambientais** e de órgãos competentes para fiscalização.

O entendimento de progresso diretamente relacionado ao crescimento industrial dos produtos para exportação e a tendência de que esses produtos venham de atividades potencialmente poluentes foram fatores cruciais para o aumento da degradação do meio ambiente.

Para saber mais

Para mais informações sobre as consequências ambientais da opção de desenvolvimento econômico da época, sugerimos um estudo sobre a consolidação dos investimentos do II Plano Nacional de Desenvolvimento, que tem entre suas medidas: a concentração, em algumas áreas, de atividades fortemente poluidoras e a expansão das indústrias de grande impacto, como a metalúrgica e a petroquímica.

BRASIL. Casa Civil. *II Plano Nacional de Desenvolvimento (1975-1979)*. Brasília, 1975. Disponível em: <http://www.planalto.gov.br/ccivil_03/LEIS/1970-1979/anexo/ANL6151-74.PDF>. Acesso em: 3 ago. 2012.

De toda forma, a ideia de que o controle ambiental é uma barreira para o desenvolvimento industrial é muito comum. Porém, também vêm crescendo no mercado algumas empresas com ideais inovadores e atuais, que percebem no cuidado com o meio ambiente um diferencial competitivo, como demonstrado na pesquisa a seguir:

> *As empresas brasileiras estão mais conscientes sobre a importância de implementar ações de sustentabilidade ambiental, inclusive para o desenvolvimento do seu próprio negócio. Essa é uma das conclusões da pesquisa realizada pelo Instituto Ilos (Instituto de Logística e Supply Chain), divulgada [...] no Rio de Janeiro, na abertura do Fórum Global de Sustentabilidade no Supply Chain (cadeia de suprimentos). [...].*
>
> *O estudo foi feito junto a diretores e gerentes da área de logística das 109 maiores empresas do Brasil, englobando 14 setores econômicos. De cada dez empresas, sete já têm unidades específicas voltadas para a sustentabilidade e a maior parte (72%) desenvolve ações que procuram reduzir os impactos ambientais das atividades logísticas de seus negócios.*
>
> *"São indícios que demonstram que as empresas, de forma geral, estão se estruturando cada vez mais, até porque é o futuro. Não adianta ter lucro e não ser sustentável", ponderou em entrevista à Agência Brasil a coordenadora de Inteligência de Mercado do Instituto Ilos, Mônica Barros, responsável pela pesquisa.*
>
> *A sondagem mostra que os clientes de 69% das empresas consultadas estão exigindo um crescente número de soluções ecologicamente corretas. Mais de 70% das companhias relataram estar sofrendo também pressão do governo no sentido de terem iniciativas sustentáveis. "Você percebe que têm várias empresas cujos clientes já aceitam pagar mais para ter soluções verdes. Há clientes pressionando cada vez mais as empresas para que desenvolvam produtos com foco ambiental. Por outro lado, têm ações do governo pressionando isso".*
>
> *Mônica citou o exemplo do setor automotivo, em que os produtores estão direcionando investimentos para o desenvolvimento de motores mais limpos. Assim como na Europa, o governo brasileiro está incentivando a indústria*

automotiva a desenvolver esse tipo de produto visando a melhoria do meio ambiente, além de combustíveis mais adequados e menos poluentes.

"Quando você casa combustível adequado com motor adequado, você tem um potencial aí de redução de emissões de até 34%", relatou a coordenadora da pesquisa. "O governo está, de uma forma ou de outra, direcionando ou fazendo com que o segmento automotivo se torne mais limpo".

Então, por pressão do governo e dos clientes, as empresas acabam por adotar ações que levam ao desenvolvimento de produtos mais nobres e à melhoria da eficiência logística, para que ela colabore com o meio ambiente. (Mundo da Sustentabilidade, 2012)

A tendência degradadora, no entanto, acentuou-se a partir da década de 1980 até a primeira metade dos anos 1990, pois ainda havia uma cultura, uma ideia errônea, de que países em desenvolvimento teriam mais vantagens competitivas se focassem em atividades que usam abundantemente os recursos naturais com controles ambientais pouco efetivos. Logo, a pressão para aumentar o volume de exportações representa incentivo para a crescente exploração dos recursos naturais e também para o crescimento de indústrias "sujas".

Contudo, também na década de 1980 foram criadas as chamadas *barreiras verdes*. Para Young e Lustosa (2012),

> *As questões relacionadas à competitividade e meio ambiente ganharam importância crescente no final dos anos 80. Com a intensificação do processo de globalização financeira e produtiva da economia mundial, e o consequente aumento dos fluxos de comércio internacional, as barreiras tarifárias foram paulatinamente substituídas por barreiras não tarifárias. Os países desenvolvidos passam a impor barreiras não tarifárias ambientais – "barreiras verdes" –, alegando que os países em desenvolvimento possuem leis ambientais menos rigorosas que as suas, o que resultaria em custos mais baixos – também chamado de* dumping ecológico *– e, consequentemente, menores preços praticados no mercado internacional.*

Ou seja, os países desenvolvidos passaram a perceber que, com a extração desmedida de recursos naturais e leis ambientais menos rigorosas, os **produtos dos países subdesenvolvidos ficavam mais baratos** e, portanto, estes exportavam mais, sendo grandes concorrentes, no quesito exportação, dos países desenvolvidos. Para evitar esse tipo de concorrência desleal, que é denominado *dumping ecológico*, passou-se a exigir padrões socioambientais mínimos das indústrias exportadoras, além de outras coisas, como os **"selos verdes"**, que são garantias de que os recursos naturais utilizados na produção de seus produtos foram extraídos com consciência ambiental, ou seja, preservando o meio ambiente. Assim, formaram-se mecanismos de proteção, chamados *barreiras verdes*, com o intuito de promover uma relação comercial mais saudável, com base em custos reais. Esses custos, obrigatoriamente, devem **computar as perdas ambientais nos valores das mercadorias comercializadas entre os países para que a concorrência seja calcada em critérios sustentáveis, como a tecnologia sustentável, por exemplo.** É importante lembrar, ainda, que alguns países só importam produtos de empresas com esses selos verdes, e que a preservação ambiental se tornou, então, primordial para a exportação.

Para saber mais

Dumping

O *dumping* consiste numa prática comercial desleal na qual o país exportador vende seus produtos a preços extraordinariamente mais baratos, em alguns casos, menores, inclusive, que os preços cobrados no seu mercado interno, a fim de eliminar as concorrências e dominar o mercado internacional.

Uma das maneiras mais fáceis de trabalhar com preços menores de produção e, assim, ser mais competitivo no mercado internacional é ter baixos custos de produção. Nesse sentido, o *dumping* ambiental ou *dumping* ecológico nada mais é do que tornar-se competitivo pela não computação dos custos de produção gerados pelos danos ambientais, pelo uso dos recursos naturais e de tecnologias baratas e ultrapassadas.

Na década de 1990, novas perspectivas uniram o poder competitivo das indústrias às melhorias ambientais. No entanto, as empresas que desenvolveram preocupações ambientais eram, em sua maioria, as de inserção internacional.

Depois, seguindo o padrão mundial, no Brasil, a relação entre competitividade e preservação do meio ambiente passou a ser debatida mais intensamente, principalmente em virtude dos **benefícios sociais vindos da preservação ambiental.** Foram adotados padrões e regulamentações mais rígidos, a fim de melhorar a qualidade ambiental. Porém, tais regulamentações provocaram aumento dos custos do setor industrial, elevando preços e reduzindo a competitividade das empresas.

Para transpor a barreira da falta de competitividade, manter ou até reduzir os custos produtivos, a opção mais prática é o investimento em inovações tecnológicas, pois assim o país (e suas empresas) se torna mais competitivo no mercado internacional. Além disso, a preservação ambiental está associada ao aumento da eficiência no uso dos recursos utilizados na produção, portanto as melhorias tecnológicas implicam, paralelamente, em melhorias ambientais.

Nesse sentido, a poluição pode ser entendida como desperdício econômico, pois, muitas vezes, os resíduos industriais podem ser reaproveitados para cogeração de energia ou extração de substâncias reutilizáveis e recicláveis. Existem também outros desperdícios que podem ser evitados com criatividade e análise da má utilização dos recursos, como o uso excessivo e desnecessário de embalagens e o descarte de produtos que requerem uma disposição final de alto custo – custos que acabam sendo embutidos no valor final do produto.

Bons exemplos são as empresas que restauram ou reflorestam as áreas degradadas e também aquelas que gerenciam adequadamente seus resíduos ou preferem adotar tecnologias mais limpas ambientalmente, gerando, simultaneamente, reduções do impacto ambiental e melhorias do produto e/ou do processo produtivo.

Neste início de século XXI, ocorreram aprovações de várias leis e acordos importantíssimos para a área de preservação ambiental. Um bom exemplo foi a aprovação do Acordo-Quadro sobre Meio Ambiente do Mercado Comum do Sul (Mercosul).

Para que os acordos internacionais passem a valer efetivamente em território nacional, é necessário que ocorra a aprovação de instrumentos legais nacionais. Assim, o Senado brasileiro aprovou um protocolo adicional ao Acordo-Quadro sobre a temática ambiental do Mercosul. Esse instrumento incentiva ações de cooperação e de assistência entre os países membros em caso de emergências ambientais.

O acordo objetiva estabelecer a cooperação mútua, para a proteção de regiões e setores mais afetados pela degradação ambiental e mais suscetíveis em casos de acidentes ambientais. O protocolo adicional aprovado pelo Senado propõe procedimentos que possibilitam, de forma mais eficiente, a atuação em situações de emergências ambientais e estabelece que a cooperação entre os países ocorra pela troca prévia de informações sobre situações que necessitem de medidas de prevenção, mitigação, alerta, reconstrução e recuperação.

A poluição pode ser entendida como desperdício econômico, pois, muitas vezes, os resíduos industriais podem ser reaproveitados para cogeração de energia ou extração de substâncias reutilizáveis e recicláveis.

Além desse acordo, o documento mais importante na área do Mercosul foi a Complementação do Plano Geral de Cooperação e Coordenação Recíproca para a Segurança Regional.

capítulo 2

Meio ambiente e mercado internacional

É fato que as questões ambientais influenciam o setor produtivo de tal modo que determinam alguns dos critérios de competitividade do mercado. Também é fato que essas influências tendem a se intensificar nos novos contextos que surgem de uma convergência de discussões ambientais globais. É importante compreendermos, então, que é nos fóruns internacionais que acontecem as discussões sobre os riscos ambientais decorrentes de condições produtivas. Dentro desse cenário, a Organização Mundial do Comércio (OMC), norteadora do comércio internacional mundial, tem a obrigação de considerar essas questões e de propor soluções a essa relação conflituosa entre políticas comerciais e ambientais.

Sabemos que não se trata de uma conciliação fácil, pois qualquer medida baseada no saber-fazer tradicional quase sempre resulta em soluções que favorecem um lado em detrimento do outro e, nesse "cabo de guerra", as questões ambientais impõem condições que influem na produção e no comércio em diversos aspectos. Nessa busca de soluções que se manifestam, na maioria dos casos, em forma de padrões e regras pelo estabelecimento de normas e leis oriundas dos acordos internacionais, o comércio busca maneiras de adequação sem perder a competitividade.

Algumas ações de protecionismo ambiental podem resultar em efeitos similares aos das barreiras não tarifárias para o comércio. Porém, por outro lado, o reconhecimento da variável ambiental nos processos produtivos pode apontar para oportunidades de mercado. Dentro desse contexto, os países e o setor produtivo se preparam para a completa internalização dos custos gerados por práticas de proteção ambiental, resultando em uma adequação dos padrões de produção, de consumo e, finalmente, do comércio.

Nesse sentido, acreditamos que o emprego de ferramentas de gestão que aperfeiçoem o funcionamento dos sistemas produtivos será mais adequado, no alcance desses objetivos, do que a adoção pura de mecanismos de restrição comercial a determinados produtos, que podem facilmente tomar a roupagem de barreiras técnicas com o único objetivo da manutenção da competitividade das empresas nacionais.

Porém, no estágio de globalização que o mundo está, atualmente, um grande número de requisitos ambientais foi – e ainda está sendo – definido e, por essa razão, convidamos você a refletir sobre essas condições e sobre os novos cenários que podemos esperar na complicada relação entre mercado e meio ambiente. Para isso, vamos aceitar a premissa de que os conceitos que definem o comércio internacional estão relacionados à:

> *compra e venda de mercadorias que atravessam fronteiras dos países. Como qualquer outro aspecto relacionado à soberania e ao território de cada nação, as normas de comércio exterior são formuladas pelo governo nacional de cada país. Existem três enfoques para o comércio exterior:* ***protecionismo, livre comércio*** *e* ***comércio regulado.***
>
> a. *o objetivo do* ***protecionismo*** *é proteger as indústrias nacionais da concorrência estrangeira. O protecionismo pode se dar por meio de imposição de tarifas que tornam os produtos importados mais caros que os similares nacionais; pode existir sob a forma de quotas para a quantidade de mercadorias importadas; pode ocorrer sob a forma de proibição à importação; e finalmente, pode se dar sob a forma de pedido de restrição voluntária de importação;*
>
> b. ***livre comércio*** *significa o intercâmbio ilimitado de comércio entre compradores e vendedores através das fronteiras. Embora o livre comércio seja frequentemente associado à desregulamentação, não requer de forma obrigatória a eliminação de padrões de produtos, leis de proteção do trabalho e do trabalhador ou leis ambientais. Ao contrário, o livre comércio busca assegurar que as legislações trabalhistas, as leis de defesa do consumidor e as leis ambientais de um país não sejam aplicadas de forma a discriminar injustamente as empresas estrangeiras.*
> *O conceito de livre comércio fundamenta-se num princípio econômico conhecido como vantagem comparativa. Este princípio sugere que um país deve especializar-se nos bens que produz de forma mais eficiente e trocá-los com outros países por bens que produzam com mais eficiência, mesmo quando os dois países podem produzir bens similares; e*
>
> c. *o* ***comércio regulado*** *é o meio termo entre os ideais opostos do protecionismo e do livre comércio. Os governos que adotam esta prática permitem amplo comércio internacional, mas intervêm através de tarifas, subsídios e outras políticas para tornar os produtos nacionais mais atrativos e estimular novas indústrias, a pesquisa e o desenvolvimento nacional.*

> *Embora as regras de comércio exterior sejam determinadas por cada país, normalmente elas obedecem a parâmetros estabelecidos por acordos internacionais. Atualmente, o sistema de comércio internacional é regido por um conjunto de acordos comerciais multilaterais, regionais e bilaterais. Além disso, determinadas instituições internacionais têm importantes papéis na coordenação das políticas comerciais entre grupos de nações. Esta mesma situação se repete no trato das questões ambientais.* (Wathen, citado por Barbosa, 1996, p. 21-30, grifo do original)

O sistema de comércio entre os países, como já mencionamos, é regido por uma série de acordos que podem ser multilaterais, regionais e bilaterais. Com base nesses conceitos, tratados internacionais são definidos como *acordos concluídos entre Estados em forma escrita e regulados pelo Direito Internacional.*

É importante lembrarmos, ainda, que a palavra *tratado* é empregada normalmente em um sentido mais amplo, que contempla todos os tipos de acordos internacionais, como, por exemplo: convenções, declarações, atos, protocolos, entre outros.

2.1 *Impactos ambientais pelo comércio internacional*

Acreditou-se por muito tempo que a liberação do comércio internacional iria corroborar a conservação dos recursos naturais pela difusão de tecnologias e padrões mais sustentáveis praticados nos países mais preservacionistas e, também, que as necessidades de preservação iriam ditar as regras que priorizariam a adoção dessas tecnologias pelos demais países, estabelecendo um nivelamento com base nos critérios mais rigorosos. Hoje, no entanto, podemos verificar a insustentabilidade dessa informação. Caubet (2007) comenta que o crescimento econômico contínuo, bem como a equidade dos padrões de vida e com base no bem-estar socioambiental para uma população crescente, são objetivos inatingíveis sem que se faça a opção por um deles. Ou seja, mesmo hipoteticamente, admitindo um crescimento nulo da população – o que não é possível –, ainda assim seriam incompatíveis, criando-se um impasse que, pela lógica, mantém-se como primazia do comércio: "o comércio é intocável, o resto deve ajustar-se" (Caubet, 2007, p. 3). O mesmo autor afirma, com base em algumas linhas de pensamento, que não se deve estranhar que os setores que menos se sujeitam às normas ambientais sejam os setores de finanças e de comércio, pois assim o setor econômico é mantido em seu patamar de primazia enquanto o setor ambiental se mantém subordinado a ele. Institui-se, dessa forma, a lógica de que a degradação ambiental é uma "condição" para o desenvolvimento (tradicional) e este, por sua vez, retribui com tecnologias "salvadoras" para ações ambientais corretivas e mitigadoras, as quais, segundo uma análise superficial, seriam aceitáveis, se não fossem os processos de degradação irrecuperáveis e o fato de essas tecnologias não serem acessíveis a todos.

O que ocorre é que, **para sobreviver à concorrência acirrada, as empresas optam, como alternativas para a diminuição dos seus custos de produção, pela migração para países com incentivos governamentais e leis ambientais menos criteriosas**, o que é mais vantajoso financeiramente que adequar-se às exigências de seus países de origem. Isso nos remete à análise anterior sobre a adoção de padrões mais sustentáveis e um nivelamento com base nos critérios mais rigorosos. Todavia, o que evidenciamos é que, com a migração, transfere-se a degradação ambiental, diminuindo a qualidade de vida da população anfitriã, na maioria dos casos.

Dessa forma, percebemos que a abertura comercial não aumentou a eficiência produtiva em termos de qualidade ambiental, sobretudo porque, em troca de um ideal de desenvolvimento, muitos países mantêm níveis baixos de controle ambiental, tomando atitudes ambientalmente suicidas a fim de se tornarem mais atrativos aos investimentos de empresas estrangeiras.

Para saber mais

Assassinos econômicos

Um relato de um assassino econômico (AE) esclarece bem essa questão sobre a dialética entre sustentabilidade e desenvolvimento econômico. John Perkins descreveu a sua passagem por Quito, capital do Equador, quando a trabalho por uma multinacional, num relato que pretende esclarecer as manobras "comerciais" da elite dominante:

> *Quito, a capital do Equador, espalha-se sobre um vale vulcânico no alto da Cordilheira dos Andes, a 2700 metros de altura [...]. Embora eu já tenha viajado por essa estrada muitas vezes, nunca me canso desse cenário espetacular. De um lado, elevam-se paredões de rocha, pontuados por cascatas e bromélias resplandecentes. No outro lado, a terra despenca abruptamente em profundos abismos onde o rio Pastaza, uma das nascentes do Amazonas, segue serpenteando até os Andes [...]. Em 2003, parti de Quito numa caminhonete em uma missão como nenhuma outra que já havia assumido. Esperava acabar com uma guerra que eu mesmo tinha começado [...]. Para eles, aquela era uma guerra pela sobrevivência de seus filhos e culturas, enquanto para nós [da empresa multinacional] significava poder, dinheiro e recursos naturais. Era apenas uma parte da batalha pela dominação do mundo e dos sonhos de uns poucos homens gananciosos*

pelo império mundial. Isto é o que nós AEs fazemos melhor: construímos um império mundial. Somos um grupo de elite de homens e mulheres que utilizam organizações financeiras internacionais para tomar outras nações subservientes a corporatocracia e fazer funcionar as nossas maiores corporações, o nosso governo e os nossos bancos. Como os nossos equivalentes na Máfia, os AEs fazem favores. Estes são em forma de empréstimos para desenvolver a infraestrutura – usinas de geração de eletricidade, estradas, portos, aeroportos ou parques industriais. Uma condição desses empréstimos é que as companhias de engenharia e de construção do nosso próprio país construam todos esses projetos. Na essência, grande parte desse dinheiro nunca deixa os Estados Unidos; é simplesmente transferido das agências bancárias de Washington para escritórios de engenharia de Nova York, Houston e San Francisco. Apesar do fato de que esse dinheiro é devolvido quase que imediatamente as [sic] corporações que integram a corporatocracia (os credores). O país recebedor é requisitado a pagar todo o dinheiro de volta, o principal mais os juros. Se um AE for completamente bem sucedido [sic], os juros são tão altos que o devedor é forçado a deixar de honrar os seus pagamentos depois de alguns anos. Quando isso acontece, então, como a Máfia, cobramos nosso pagamento com violência. Isso inclui uma ou mais formas como: controle sobre os votos na Organização das Nações Unidas, a instalação de bases militares, o acesso a preciosos recursos como petróleo ou o Canal do Panamá. É claro que o devedor ainda continua nos devendo: dinheiro – e assim outro país é agregado ao nosso império mundial. [...] Desde 1970, durante o período conhecido como o Boom *do Petróleo, o nível oficial de pobreza subiu de 50 a 70%, o subemprego ou o desemprego aumentou de 15 a 70 % e a dívida pública do país cresceu de 240 milhões para 16 bilhões de dólares [...]. Entretanto, se falhamos, uns tipos ainda mais sinistros entram em ação, os quais, nos AEs, chamamos de chacais, homens cuja linhagem remonta diretamente aos impérios primitivos. Os chacais estão sempre presentes, espreitando nas sombras. Quando eles aparecem, os chefes de Estado são derrubados ou mortos em violentos "acidentes". Se, por acaso, os chacais falham, como falharam no Afeganistão e no Iraque, então os antigos modelos ressurgem. Quando os chacais falham, jovens americanos são enviados para matar e morrer.* (Perkins, 2005, p. 17)

Custos ambientais não inclusos nos preços dos produtos permitem que paradoxos incríveis sejam criados. Como é possível comprar um *pendrive* (que contém componentes de plástico, alumínio, circuitos etc.) por um valor de três dólares, como é vendido no Paraguai? Esse produto produzido na China custa o mesmo preço de um bolo de fubá em qualquer capital brasileira. **Vamos imaginar, então, quantos custos são desprezados nesse e em muitos outros produtos para que eles possam ser tão competitivos.** Sem dúvida, no intuito de sobreviver às leis do mercado, muitos danos ambientais e sociais são desconsiderados e tratados de forma vil.

2.2 *Barreiras ambientais*

Entende-se como *barreira comercial* qualquer regulamento, lei, prática ou política governamental impostos para proteger os produtos contra a competição externa. No Brasil, por exemplo, é o Instituto Nacional de Metrologia, Qualidade e Tecnologia (Inmetro) que faz a fiscalização, normalização e certificação dos produtos importados e produzidos no país.

Você se lembra das barreiras verdes sobre as quais falamos no Capítulo 1? Elas são um exemplo de barreiras ambientais. Então, agora, para que você entenda todo o conceito, vamos estudar as barreiras comerciais e suas relações com o meio ambiente. Elas podem ser divididas em duas categorias:

> ***Barreiras tarifárias:*** *que tratam de tarifas de importações, taxas diversas e valoração aduaneira;*
> ***Barreiras não tarifárias:*** *que tratam de restrições quantitativas, licenciamento de importação, procedimentos alfandegários, Medidas Antidumping, Medidas Compensatórias, Subsídios, Medidas de Salvaguarda e medidas sanitárias e fitossanitárias. Dentre estas últimas encontram-se as barreiras técnicas, que são mecanismos utilizados com fins protecionistas.* (Brasil, 2012b, grifo do original)

De acordo com a OMC, no que se refere às questões ambientais, as barreiras tendem a conduzir os países à harmonia entre as normas e os interesses ambientais, com o intuito de facilitar transações comerciais internacionais prezando pelo meio ambiente.

Contudo, para não nos mostrarmos tendenciosos ou ingênuos quanto às questões referentes à proteção ambiental e ao protecionismo, é válido ressaltar que **as restrições ambientais podem, sim, ser usadas como medidas protecionistas e, assim, prejudicar o comércio internacional, sobretudo para os países em desenvolvimento.** De acordo com a Associação Brasileira de Normas Técnicas (ABNT, 1994), os selos e certificações podem abrigar tendenciosidades e imprecisões que objetivam favorecer alguns setores produtivos de países desenvolvidos, o que, impreterivelmente, acarretaria prejuízos para os países em desenvolvimento. Cabe ressaltar, nesse sentido, que algumas das principais normas são criadas pela International Organization for Standardization (ISO) – Organização Internacional para Padronização –, permitindo uma modesta participação dos países em desenvolvimento.

> *A questão fundamental é evitar que a nova série ISO venha a abrigar tendenciosidades, prestigiando práticas aplicáveis ao primeiro mundo, cujos níveis de consumo de matéria e energia representam cerca de 80% do consumo global. As emissões de poluentes e, consequentemente, os níveis de controle devem ser muito mais rigorosos do que os exigidos dos países em desenvolvimento, que, reconhecidamente, precisam minimizar graves problemas socioeconômicos.* (ABNT, 1994, p. 11)

Assim, um protecionismo pode estar em uma roupagem de proteção ambiental, utilizando necessidades ambientais ou, até mesmo, criando-as para estabelecer estratégias comerciais que objetivam a obtenção de lucros e, consequentemente, impedem o crescimento econômico de países que ainda são muito dependentes da exploração dos seus recursos naturais para a geração de riquezas. Pensando assim, a solução estaria mais atrelada a uma transferência de tecnologias aos países mais pobres do que no estabelecimento de barreiras (Barbosa, 1996).

Em 1992, por exemplo, o Conselho de Ministros do Meio Ambiente dos Estados-Membros da União Europeia estabeleceu condições para a implantação do selo ecológico europeu, chamado de *Ecolabel*, para 25 produtos. **As condições estabelecidas nessa data não apenas atendem as necessidades dos empresários, como também levam em consideração as condições ambientais europeias.** Barbosa (1996) exemplifica dizendo que uma das condições levantadas é a preferência de papel reciclado, em detrimento da celulose virgem, que coloca a indústria brasileira em desvantagem, pois ela é uma das principais exportadoras de celulose para a Europa. Mesmo tendo técnicas avançadas de manejo sustentável de suas produções, com essa decisão a indústria brasileira perdeu e os países membros se beneficiaram, pois suas produções de papel são basicamente de material reciclado. A questão, portanto, é: o quanto o mercado e suas determinações, já bem conhecidas, estão interferindo na idealização dessas ações? A sustentabilidade ambiental é sempre a motivação principal ou existem outras motivações por trás dessas ações?

Com base nessas situações, no que diz respeito aos países em desenvolvimento, criam-se impasses comerciais e situações de risco para as empresas, pois, não participando da formação desses critérios, esses países são prejudicados na comercialização de seus produtos. **A adequação dos seus sistemas operacionais ocasionariam custos que, por sua vez, não necessariamente seriam revertidos em melhorias ambientais em suas regiões.**

Para refletir

É importante lembrar, também, que as barreiras ambientais técnicas podem possuir critérios não representativos para os países com necessidades socioambientais diferentes, como, por exemplo, os hábitos de consumo, os recursos naturais e a matriz energética. Uma crítica feita pelo Grupo de Apoio à Normalização Ambiental (Gana) menciona que as contribuições para o efeito estufa são calculadas como se todos os países consumissem energia elétrica da forma que é gerada na China, à base de combustíveis fósseis, o que não é verdade, pois, em países como o Brasil, por exemplo, que têm significativa geração de energia, a energia é gerada, em sua maioria, por usinas hidroelétricas (ABNT, 1994).

De acordo com Barbosa (1996), para serem efetivos, os rótulos ambientais precisam de um consenso internacional, uma harmonização dos sistemas de certificação, para que essas barreiras não sejam criadas sem justificativas coerentes. Nesse tipo de ocorrência, a OMC tem, ao menos teoricamente, o papel de dificultar a criação dessas barreiras e, por essa razão, discute sobre adoção de incentivos para difundir a utilização de normas, entre elas as ambientais, como a ISO 14001, buscando evitar as medidas não tarifárias puramente protecionistas, que se apresentam como regulamentos técnicos. Desse modo, as normas voluntárias e de cooperação técnicas entre os países seriam as priorizadas.

Para Moura (2004), as barreiras sempre vão existir, pois os governos são influenciados pelos interesses das empresas e indústrias, o que pode refletir na criação destas. Contudo, para que os acordos de livre comércio vigorem, espera-se, como uma das soluções, que as barreiras sejam substituídas por tratados internacionais e que os critérios estabelecidos sejam acordados pelos Estados considerando o interesse de todos.

É importante lembrar ainda que, nos acordos de livre comércio, que estudamos no capítulo anterior, as barreiras tarifárias são proibidas, mas alguns problemas, reais ou não, podem ser usados para a imposição de certas restrições. Dessa forma, efetivamente, questões ambientais serão usadas como restrições técnicas no comércio.

2.2.1 Novos critérios para as barreiras comerciais

Com base nas considerações feitas até o momento, fica clara a necessidade de se adotar novos critérios para a criação ou veto de barreiras comerciais, sobretudo com o intuito de evitar as ações protecionistas e de interesse de um grupo seleto de países. Contudo, a criação de critérios adotados levando em consideração os interesses mundiais implicaria a necessidade de se considerar um número infinito de diversidades culturais, comerciais e sociais, além de levantar outra questão: **Qual seria a instituição encarregada de realizar essa tarefa?**

A **ISO**, com certeza, seria a organização mais indicada para essa normalização, sobretudo no que diz respeito aos critérios ambientais. As conformidades aos critérios formulados por ela constituiriam a única porta de entrada de produtos, nos países que adotarem esses critérios, refletindo ou não exigências ecológicas ou interesses de empresários. Porém, para que houvesse representatividade ambiental, seria necessária uma participação significativa dos países em desenvolvimento (inclusive na criação desses critérios), além da representação da sociedade civil, para que uma democratização na elaboração das normas fosse atingida.

É importante ressaltar a necessidade de os países com condições diferentes serem considerados na elaboração de critérios e normas ambientais, pois, levando em consideração as diferenças históricas, socioeconômicas e culturais, será possível implementar programas e regulamentos que tenham flexibilidade e abrangência suficientes para o efetivo controle e prevenção da degradação ambiental.

2.3 *O mercado verde*

A denominação *mercado verde* é relativamente nova e surgiu para identificar produtos produzidos de forma ecologicamente correta, em todos os níveis e setores de produção. É um mercado formado principalmente por clientes ambientalmente conscientizados, que **assumem posturas cada vez mais seletivas ante os produtos** e criam, assim, cenários que, de certa forma, impulsionam as empresas a adotarem posturas produtivas ambientalmente corretas, estabelecendo **novas exigências mercadológicas**.

Buscar a sintonia entre o meio ambiente e o mercado é, então, um dos grandes desafios deste século. Para isso, é necessário adotar novos padrões de produção, que incluam os indicadores ambientais em seus indicadores de desempenho. Essas novas exigências costumam provocar certo alarde no setor produtivo, sobretudo quando este computa seus novos custos, decorrentes de tais transformações, ainda mais quando se leva em conta que não é possível afirmar se as exigências ambientais, por parte dos clientes, são ou não questões passageiras, o que promove o risco de as modificações serem desnecessárias.

Segundo Andrade, Tachizawa e Carvalho (2002), pesquisas realizadas pela Confederação Nacional da Indústria (CNI) e pelo Instituto Brasileiro de Opinião Pública e Estatística (Ibope) demonstraram uma tendência pela preservação ambiental por parte do consumidor, afirmando que os desempenhos econômicos tornam-se cada vez mais dependentes de estratégias ambientais:

A transformação e influência ecológica nos negócios se farão sentir de maneira crescente e com efeitos econômicos cada vez mais profundos. As organizações que tomarem decisões estratégicas integradas à questão ambiental e ecológica conseguirão significativas vantagens competitivas, quando não, redução de custos e incremento nos lucros a médio e longo prazo. Empresas como a 3M, somando as 270 mil toneladas de poluentes na atmosfera e 30 mil toneladas de efluentes nos rios que deixou de despejar no meio ambiente desde 1975, consegue economizar mais de US$ 810 milhões combatendo a poluição nos 60 países onde atua. Outra empresa, a Scania Caminhões, contabiliza economia em torno de R$ 1 milhão com programa de gestão ambiental que reduziu em 8,6% o consumo de energia, de 13,4% de água e de 10% no volume de resíduos produzidos apenas no ano de 1999. [...]

Pesquisa conjunta feita pelo CNI, SEBRAE e BNDES [1998] revela que metade das empresas pesquisadas realizou investimentos ambientais nos últimos anos, variando de cerca de 90% nas grandes a 35% nas microempresas. Esta mesma pesquisa revelou que as razões para a adoção de práticas de gestão ambiental (quase 85% das empresas pesquisadas adotam algum tipo de procedimento associado à gestão ambiental) não foram apenas em função da legislação, mas, principalmente, por questões que poderíamos associar a [sic] gestão ambiental: aumentar a qualidade dos produtos; aumentar a competitividade das exportações; atender ao consumidor com preocupações ambientais; atender à reivindicação da comunidade; atender à pressão de organização não governamental ambientalista; estar em conformidade com a política social da empresa; e melhorar a imagem perante a sociedade [...]. (Tachizawa, 2001, p. 38-48)

A gestão ambiental passa a ser, então, a resposta à **exigência do novo cliente – o consumidor verde** –, estabelecendo uma relação fundamental entre "empresa verde" e bons negócios. Por mais que programas e Sistemas de Gestão Ambiental (SGA) não ofereçam uma expansão imediata dos negócios, o envolvimento da empresa com danos ambientais têm repercussões negativas quase que imediatas, podendo ocorrer severas perdas econômicas.

> Buscar a sintonia entre o meio ambiente e o mercado é um dos grandes desafios deste século.

Nesse novo cenário, o desafio passa a ser a conciliação entre o desenvolvimento econômico e a proteção ambiental, além de, sem dúvida, assumir uma postura não imediatista, na qual os resultados, no campo ambiental, poderão refletir em escalas muito maiores que as normalmente adotadas no campo econômico.

No Brasil, cresce o número de empresas que adotam os SGAs. Empresas como a Seeger Reno, do ramo de autopeças, o Hospital Itacolomy, a Alunorte, a Sadia e a Dana Albarus S.A. compõem o grupo empresarial que se destaca com o *marketing* ecológico:

> *A sociedade atual está mais consciente e mais receptiva aos aspectos de* marketing *ecológico que os produtos irão lhe oferecer. É o caso de cerca de 40 empresas (Tramontina, Tok & Stock, Cickel, dentre outras), que criaram o grupo de Compradores de Madeira Certificada, com adoção de selo de procedência ambiental e social. A nova consciência ambiental, surgida no bojo das transformações culturais que ocorreram nas décadas de 60 e 70, ganhou dimensão, e situou o meio ambiente como um dos princípios mais fundamentais do homem moderno. Nos anos 80, os gastos com proteção ambiental começaram a ser vistos, pelas empresas líderes, não primordialmente como custos, mas como investimentos no futuro e, paradoxalmente, como vantagem competitiva. A atitude e a postura dos gestores das organizações em todos os segmentos econômicos nos anos noventa passaram de defensiva e reativa, para ativa e criativa. Na nova cultura, a fumaça passou a ser vista como anomalia, e não mais como uma vantagem. A inclusão da proteção do ambiente entre os objetivos da organização moderna amplia substancialmente todo o conceito de administração. Administradores, executivos e empresários introduziram em suas empresas programas de reciclagem, medidas para poupar energia e outras inovações ecológicas. Essas práticas difundiram-se rapidamente e, em breve, empreendedores dos negócios devem desenvolver sistemas abrangentes de gestão empresarial, sem perder de vista o cunho ecológico.* (Andrade; Tachizawa; Carvalho, 2002, p. 27)

A gestão ambiental é intensificada pela ética ecológica, e o ponto de partida para ela é a mudança de valores na cultura empresarial. Empresários e executivos das organizações precisam estar preparados para o desafio de harmonizar essas preocupações dentro desse contexto de gestão ambiental, no qual se inserem o emergente mercado verde e os programas de **rotulagem ambiental, com enfoque estratégico aplicado ao desenvolvimento sustentável.**

2.4 Marketing *verde: uma ação de responsabilidade social*

Em virtude do crescimento do mercado verde e da mudança de padrões do consumidor, as empresas passaram a sentir a necessidade de vincular seus produtos a imagens "ecologicamente conscientes" para atender às novas exigências do mercado. Dessa forma, o *marketing* ambiental, ou *marketing*

verde, como é chamado, é o tipo de estratégia usada para essa vinculação de imagens, que faz com que o consumidor conheça a empresa ou indústria como sustentável e ecologicamente correta e, é claro, prefira essa empresa às outras que não têm essa imagem. Vamos verificar, agora, como esse tipo de *marketing* surgiu.

> *[Pondo em pauta] questões como responsabilidade social, desenvolvimento sustentável e consumo consciente, [estes] passaram a fazer parte do cotidiano das empresas, da sociedade e do governo. Em particular, a preocupação com questões ecológicas e ambientais evoluiu por várias fases distintas, sendo intensificada a partir das décadas de 60 e 70, quando surgiram movimentos ecológicos, como o referente aos problemas resultantes da poluição causada por grandes indústrias, e para a conservação da energia. (Straugan; Roberts, 1999; Roberts, 1996) Entretanto, apenas nos anos finais do século XX, [como anteriormente mencionado,] a observância dessas questões tornou-se fonte de vantagem competitiva por parte das empresas e foco de atenção para a sociedade como um todo.* (Pereira, 2005, p. 226-227)

Com base nessas preocupações com o bem-estar socioambiental, as empresas e os profissionais de *marketing* passaram a enfrentar o desafio de relacionar algumas questões, como a responsabilidade socioambiental, por exemplo, com o desenvolvimento de ofertas competitivas. Para a disciplina de *Marketing*, esses desafios provocaram transformações em sua abordagem, e isso impulsionou o aparecimento, na década de 1970, dos conceitos de *marketing social* e *marketing ecológico* ou *ambiental*.

> *A procura por parte das empresas de soluções ambientais inovadoras, para o aprimoramento de seus produtos, pode ocasionar o surgimento de tecnologias mais eficientes e eficazes. Uma interessante analogia é feita por Peattie e Charter, mencionados ao sugerirem que para o sucesso do* marketing *ambiental é necessário que, aos quatro Ps do composto de* marketing, *sejam adicionados os seguintes quatro Ss:* ***Satisfação do consumidor; Segurança dos produtos e da produção para os consumidores, trabalhadores, sociedade e meio ambiente; Aceitação Social dos produtos, da produção e das atividades da companhia*** e ***Sustentabilidade dos produtos****. A compreensão do perfil do consumidor ecológico faz-se necessária para o melhor desenvolvimento de estratégias de* marketing, *adequadas ao contexto de preocupação ambiental. No entanto, vários estudos têm procurado identificar as características deste consumidor ecológico. Em um estudo, visando identificar o perfil do consumidor verde, concluíram que estes consumidores são cuidadosos e procuram se informar sobre o produto que estão comprando, incluindo informação sobre propaganda. No entanto, os consumidores verdes são céticos em relação à propaganda. Isto implica em [sic] que as mensagens contidas na propaganda devem ser precisas e evitar ambiguidades.* (Pereira, 2005, p. 227-229, grifo nosso)

O *marketing* verde vem, portanto, modificando algumas atividades, como a elaboração de produtos, os processos produtivos, as embalagens e as propagandas. Essa nova forma de fazer *marketing* pressiona os profissionais da área a perceberem os processos internos e externos de produção em relação aos consumidores, bem como os impactos dessa produção nos fatores consumo, qualidade e desenvolvimento sustentável (Pereira, 2005).

2.5 Novas implicações e necessidades do mercado internacional

Como vimos até agora, os conceitos, as ideias e os valores de produção e de consumo sustentável não surgiram de repente, mas sim com a percepção da necessidade de preservação ambiental para a qualidade de vida no planeta. **Essas novas ideias e padrões de consumo implicam novos conceitos de mercado, indústria, produto e consumidor.** Porém, para entender esse "novo mercado" focado no meio ambiente e, sobretudo, para que ele efetivamente funcione, há outras implicações a serem tratadas, tais como:

- **Ciclo de vida do produto**: O que é o ciclo de vida? Como acontece a Avaliação do Ciclo de Vida?
- **Padronização**: O que é a padronização? Esse conceito é recente? Para que ela serve? Quais são os órgãos responsáveis por isso?
- **Rotulagem ambiental**: O que é a rotulagem ambiental? Para que ela serve? Como essa rotulagem é vista pelo mercado?

Andrija Markovic/Fotolia

Essas são apenas algumas questões, entre muitas outras, que consideramos principais para o entendimento das implicações, das necessidades e da amplitude do mercado verde, as quais vamos analisar com mais cuidado a partir de agora.

2.5.1 Ciclo de vida do produto

Chamamos de ***Ciclo de Vida do Produto*** (CVP) todo o processo de criação, produção, destino e declínio de determinado produto. Ou seja, o CVP corresponde à história do produto, desde a composição de suas peças, o período em atividade no mercado, até ser substituído por outro, mais recente.

A **Avaliação do Ciclo de Vida** (ACV) é o processo utilizado para avaliar o impacto ambiental dos produtos, bens e serviços. É uma ferramenta muito importante para a gestão ambiental, pois permite, além da avaliação criteriosa dos impactos ambientais, a comparação entre produtos similares e a criação de estratégias para a melhoria ambiental, avaliando a necessidade, por exemplo, de substituição de matéria-prima; mudança do sistema de produção; novas alternativas de embalagem ou transporte; alterações no uso do produto; e até mesmo de eliminação do produto no mercado.

Essa análise de necessidades é feita com base na descrição das etapas ao longo do ciclo de produção, desde a obtenção dos recursos naturais, dos resíduos liberados na produção, até a disposição final ou uma possível reutilização do produto, e identifica todas as etapas industriais da cadeia produtiva, incluindo distribuição e uso, com suas respectivas entradas e saídas de matéria.

Figura 2.1 – Avaliação do Ciclo de Vida do Produto

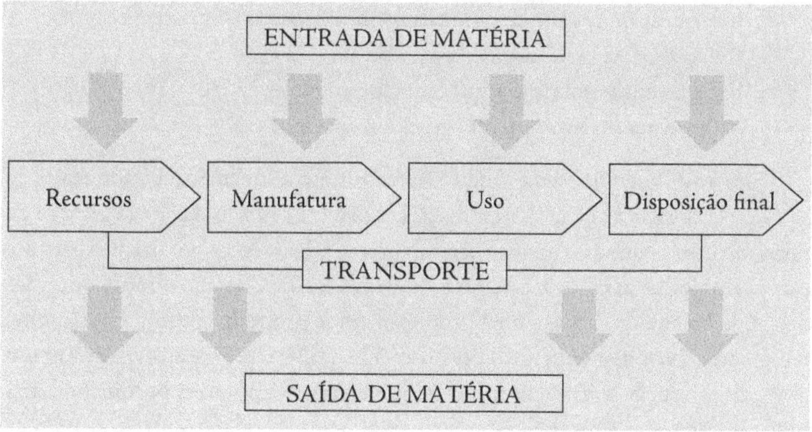

A ACV é definida como "uma ferramenta de avaliação dos impactos potenciais associados a um produto ou serviço para: construir um inventário de entrada e saída do sistema, avaliar os potenciais e interpretar os resultados da análise, correlacionando com os objetivos de estudo da ACV" (ABNT, 2009). Para isso, adotam-se as categorias gerais de impactos, considerando desde o esgotamento de recursos até suas consequências no ambiente.

Entre os objetivos gerais da ACV estão:

- Ações em *marketing*.
- Comparação entre produtos similares.
- Distinção entre os produtos segundo o seu balanço ecológico e sua função.
- Identificação de pontos fortes e fracos do sistema.
- Otimização dos recursos.

A utilização dessa ferramenta possibilita o levantamento de todo o custo do processo produtivo, assim como o custo ambiental que é gerado desde a obtenção da matéria-prima até a disposição final ou seu reaproveitamento, incluindo as fases de armazenamento, transporte e manutenção. Por essa razão, a ACV facilita a aplicação de investimentos e a recuperação e prevenção do meio ambiente, já que produtos fabricados, ou a serem fabricados, serão efetivamente analisados também por meio de critérios ambientais. Dessa forma, **a ferramenta possibilita, por exemplo, a criação de estruturas de reciclagem e reutilização, além de facilitar a implantação da logística reversa.**

Por meio da coleta de dados, obtém-se o conhecimento do processo de produção, identificando pontos de geração de resíduos e seus locais de destinação, assim como as seguintes informações importantes para a tomada de decisões:

- Identificação da rede de coleta de resíduos;
- Mensuração de volume e amostragem das saídas dos sistemas;
- Relação entre matéria-prima e poluição;
- Relação entre poluição e unidade do produto;
- Análise qualitativa e quantitativa dos resíduos etc.

Com a ACV, então, cada produto traz consigo a sua história: cada etapa do seu elo produtivo, a aplicação das matérias-primas consumidas e sua geração de resíduos. Ainda que essa análise não estabeleça julgamentos qualitativos – como, por exemplo, os atributos estéticos do produto – e que não aborde questões de saúde vinculadas ao uso ou à produção desse produto, continua sendo uma ferramenta extremamente útil, pois propicia parâmetros para avaliar todo um ciclo de produção a diferentes ciclos de produtos similares, permitindo atribuir valores ambientais para estes, principalmente na relação entre consumo de matéria-prima, produção de resíduos e sua utilidade.

Dessa forma, o mesmo produto, se for produzido em diferentes países e sob diferentes condições (como transportes, tecnologia etc.), não poderá, efetivamente, ser considerado "o mesmo produto" ou "a mesma coisa", principalmente sob o ponto de vista ambiental, e passa a exigir, assim, ações diferenciadas, que estão associadas, por exemplo, à obtenção de um recurso natural. Perceba que, para a fabricação de cerveja, são necessários vários litros de água de boa qualidade para cada litro de cerveja produzido. Então, se a fábrica estiver localizada em uma região que forneça uma água de boa qualidade, os custos de produção podem ser reduzidos pela não necessidade de um tratamento da água mais sofisticado, ao passo que o contrário também é verdadeiro: não havendo no local água de boa qualidade, os custos de produção podem ser aumentados.

2.5.2 *A padronização*

Com o intuito de facilitar as transações internacionais em meio a toda a diversidade existente, a padronização é mais que uma tendência global: é uma necessidade. Para Almeida, Mello e Cavalcanti (2000), a criação de normas ambientais vem buscar a homogeneização e a padronização de conceitos, com o intuito de criar uma mesma linguagem para atividades e procedimentos, principalmente para aqueles com forte potencial de causar impactos ambientais.

Historicamente, a busca de adequações internacionais teve início em 1906, no ramo da engenharia, com a criação da International Electrotechnical Commission (IEC). Contudo, somente após 1946, depois da Segunda Guerra Mundial, é que

foi criada a ISO: uma organização não governamental, formada por representantes dos mais de 130 países, com sede em Genebra, na Suíça, cujo lema do atual presidente é "Sem acordo, não poderá haver paz. E sem paz, não poderá haver prosperidade duradoura. Normas Internacionais são ferramentas essenciais nos contínuos esforços da humanidade para se conseguir alcançar mais de ambas" (Kant, 1989).

Essa Instituição tem como objetivo promover o desenvolvimento mundial pela facilitação do intercâmbio internacional de serviços e mercadorias, bem como proporcionar uma cooperação entre diversas áreas. Suas contribuições resultam em negociações entre países, as quais são publicadas como acordos internacionais.

2.5.3 *Rotulagem ambiental*

Chamamos *rotulagem ambiental* a qualquer instrumento informativo que, por meio de informações sobre desempenhos ambientais, estimule a compra de produtos e serviços com baixos impactos ambientais, os chamados *produtos sustentáveis*.

Com o propósito de **diminuir impactos negativos e riscos ambientais**, as empresas investem consideráveis somas na adequação de seus processos produtivos, o que, em muitos casos, reflete-se no custo final do produto.

Considerando que a ordem mundial é "produzir mais com menos custos", as empresas que carregam as "bandeiras ambientais" podem ficar em condições pouco favoráveis, pois seus custos são elevados, sobretudo se comparados aos dos concorrentes que optam por países que têm baixos padrões de preservação ambiental. A tomada de decisões por parte das empresas ecologicamente corretas é, então, extremamente delicada.

Para refletir

As leis do mercado são independentes das vontades e dos ideais dos empresários. Uma frase bem interessante, que ilustra essa condição, foi dita pelo presidente do Grupo Positivo, em uma palestra para os alunos de pós-graduação: "existem muitas ações que gostaria de adotar para o grupo, mas não posso, porque acima de mim existe um chefe implacável, que dita regras e ordens que têm que ser seguidas, e as insubordinações a elas são respondidas com a falência. Esse chefe é o mercado" (Guimarães, 2006).

O que fazer, então, para que esses gastos sejam reconhecidos pelo mercado, permitindo, em alguns casos, trabalhar com preços mais elevados e mantendo a competitividade? Uma alternativa seria a diferenciação por meio de rótulo ou certificação ambiental. Os rótulos ambientais identificam essas empresas e seus produtos, atestando que a sua produção promove menor impacto ambiental em relação a outras. Os produtos rotulados e as organizações certificadas começam a se diferenciar em meio ao mercado já saturado, tendo a credibilidade e a aceitação dessa diferenciação reforçadas pela demanda do mercado por empresas com maior responsabilidade socioambiental.

Além disso, as crescentes exigências que se manifestam, fortalecidas por acontecimentos ambientalmente catastróficos que vêm ocorrendo pelo mundo, geram padrões de mudança de comportamento, aumentando na população – e, portanto, no cliente – a percepção das necessidades de preservação ambiental e, assim, permitem às empresas a adoção de investimentos em estratégias ambientais sem a inviabilidade do negócio.

Cabe ressaltar que a ausência de um rótulo no produto não implica que este não seja produzido de forma sustentável, pois existem empresas que não possuem certificação, mas utilizam de forma parcial ou adaptada os requisitos sustentáveis, como os procedimentos do SGA. Porém, o reconhecimento pela utilização de uma certificação e de um rótulo podem trazer benefícios.

> *Pesquisa recente da Confederação Nacional da Indústria (CNI) e do Ibope mostra que 68% dos consumidores brasileiros estariam dispostos a pagar mais por um produto que não agredisse o meio ambiente. Dados obtidos no dia a dia evidenciam que a tendência de preservação ambiental e ecológica por parte das organizações deve continuar de forma permanente e definitiva, em que os resultados econômicos passam a depender cada vez mais de decisões empresariais que levem em conta que: a) não há conflito entre lucratividade e a questão ambiental; b) o movimento ambientalista cresce em escala mundial; c) clientes e comunidades em geral passam a valorizar cada vez mais a proteção do meio ambiente; e d) a demanda e, portanto, o faturamento das empresas passam a sofrer cada vez mais pressões e a depender diretamente do comportamento de consumidores que enfatizarão suas preferências por produtos e organizações ecologicamente corretos.* (Tachizawa, 2004, p. 23)

De forma simplificada, seria possível determinar três estratégias empresariais ante programas de certificações e rotulagem ambiental:

1. **Indiferença a esses programas**: Normalmente adotada por países em desenvolvimento que optam por estratégias focadas no custo ou na qualidade do produto.
2. **Incorporação das exigências para programas de certificação e rotulagem aos processos produtivos**: Por meio do investimento em tecnologia e treinamento, implementação de políticas ambientais, como análise de

ciclo de vida do produto, sistemas baseados na chamada *Teoria Zeri* e outras ações. É certo também que essas alternativas requerem que a empresa tenha certo capital disponível para implementar essas ações.

3. **Participação mais abrangente:** Adesão ao sistema de certificação, intervindo no processo de elaboração das normas ambientais em defesa de seus interesses, buscando tornar esse procedimento mais democrático. Porém, como já mencionado, os comitês de elaboração são representados, em sua maioria, por membros de países desenvolvidos, que ocupam posições de privilégio dentro dessa organização, o que dificulta o processo democrático na elaboração das normas.

Para saber mais

Teoria Zeri

Zeri (*Zero Emissions Research Initiative*) é a teoria do Conceito de Emissões Zero. Nela, há o entendimento de que todo e qualquer resíduo de um processo deverá constituir-se em insumo de um outro processo, num encadeamento capaz de agregar valor em todas as etapas e trocas, ou seja, seguindo as leis da natureza de "nada se perde, tudo se transforma". Dentro desse conceito, os resíduos resultantes da fabricação de um produto devem ser utilizados para a criação de um segundo produto, e assim sucessivamente.

De maneira geral, são várias as abordagens e definições adotadas no que se refere à rotulagem ambiental. Porém, a definição que consideraremos aqui é a adotada pela NBR ISO 14020, para a qual a rotulagem é determinada como **uma série de requisitos com o propósito de incentivar o interesse por produtos e serviços de baixo impacto ambiental.** Essa preferência é motivada pela comunicação das características relevantes às questões ambientais que essa abordagem destaca.

A ISO reconhece um conjunto de critérios para a rotulagem ambiental e, dessa forma, estabelece três tipos de rótulos ambientais:

- **Tipo I – Rótulos ambientais certificados:** São "Programas voluntários que concedem rótulos refletindo uma preferência ambiental global de um produto dentro de uma categoria particular, baseados em considerações do ciclo de vida" (Dias, 2007, p. 129).
- **Tipo II – Autodeclarações:** Configura-se pela declaração de produtores, importadores ou distribuidores, com o objetivo de informar sobre características ambientais positivas e específicas dos seus produtos e serviços, como, por exemplo, os produtos livres de CFC (Cloro Flúor Carbono).

- **Tipo III – Declarações Ambientais do Produto:** Também conhecidas como *EPDs* (Environmental Product Declaration), buscam trabalhar com um conjunto de dados ambientais mensuráveis, considerando todo o ciclo de vida do produto. Dessa forma, levantam uma série de indicadores. Esse tipo de rotulagem ocorre, na maioria dos casos, por iniciativa da própria indústria.

2.5.4 *Selos ambientais*

Para seu maior conhecimento, apresentaremos agora alguns dos selos ambientais encontrados no mundo. Eles são adotados em diferentes países, foram criados com base em critérios ambientais e conferidos por instituições independentes, governamentais e não governamentais.

- Nome: Der Blaue Engel (Anjo Azul).
- País: Alemanha.
- Criado em 1977, é o selo ecológico mais antigo do mundo.
- *Site*: <http://www.blauer-engel.de>.

- Nome: Environmental Choice Program – Eclogo (Programa de escolha ambiental).
- País: Canadá.
- Criado em 1988.
- *Site*: <http://www.environmentalchoice.ca/en>.

- Nome: Environmental Choice New Zeland (Escolha Ambiental da Nova Zelândia).
- País: Nova Zelândia
- Criado em 1992.
- *Site*: <http://www.enviro-choice.org.nz/about_ecnz>.

- Nome: Ecomark Program (Programa de Marcas Ecológicas).
- País: Índia.
- Criado em 1991.
- *Site*: <http://envfor.nic.in/cpcb/ecomark/ecomark.html>.

- Nome: Nf Environnement (Ambiente).
- País: França.
- Criado em 1992.
- *Site*: <http://www.afnor.org/portail.asp?Lang=English>.

- Nome: Umweltzeichen-bäume (Selo Ecológico da Árvore).
- País: Áustria.
- Criado em 1990.
- *Site*: <http://www.umweltzeichen.at/cms/home233/content.html>.

- Eco-Label (Rótulo Ecológico da Comunidade Europeia).
- Comunidade Europeia.
- Criado em 1992.
- *Site*: <http://ec.europa.eu>.

- Nome: Environmentally Friendly (Meio Ambiente Amigável).
- País: Croácia.
- Criado em 1993.
- *Site*: <http://www.mzopu.hr/index.htm>.

- Nome: Qualidade Ambiental.
- País: Brasil.
- Criado em 1993.
- *Site*: <http://www.abnt.org.br>.

É importante frisar que a utilização dos selos ambientais transmite a segurança de que o produto foi produzido de forma sustentável, ecologicamente correta e com qualidade ambiental. Para poderem usar os selos, as empresas passam por avaliações que verificam se elas possuem sistemas de produção que cumprem as normas determinadas pelas organizações emissoras de selos e certificados, como a ISO e a ABNT. É importante ressaltar ainda que os diferentes critérios existentes nos processos de rotulagem e certificação podem ser utilizados por diferentes países, como as barreiras comerciais não tarifárias (barreiras verdes).

capítulo 3

Os aspectos legais e o meio ambiente

Agora que já estudamos o meio ambiente, de maneira geral, e os mecanismos gerais de ligação entre este e o mercado internacional – que são questões básicas para entender como, por que e de que forma algumas leis, normas e regras são criadas –, vamos estudar, neste e nos próximos capítulos, alguns elementos que compõem as políticas que influenciam o meio ambiente e, portanto, sua gestão no âmbito empresarial. Para isso, iniciaremos pelas leis de proteção ambiental que, assim como a disciplina de Direito Ambiental, são relativamente recentes.

3.1 Os impactos ambientais no comércio exterior

Não há, no ordenamento jurídico, um complexo específico de princípios e normas reguladoras da questão ambiental no que diz respeito às atividades de exportação e importação de produtos. O Direito Ambiental e Ecológico rege a exportação e a importação por meio da aplicação de instrumentos jurídicos de regulação e imposição de técnicas e regras de atuação do exportador e importador nas suas respectivas atividades. Isso porque tanto a exportação quanto a importação expõem o meio ambiente a possíveis danos, pois são atividades comerciais que afetam diretamente o equilíbrio ambiental, dependendo da intensidade e da forma da ação antrópica sobre o ecossistema, e podem até mesmo causar a extinção de algumas espécies e a proliferação de outras.

Para exemplificar, vejamos o sistema portuário, que tradicionalmente produz uma série de impactos ambientais. A construção do porto, de um lado, e o tráfego dos navios, de outro, são ações que por si mesmas já afetam o equilíbrio natural, causando impacto ambiental no ecossistema. Essa deterioração provocada pelo homem causa danos humanos, materiais e ambientais, com consequentes prejuízos econômicos e sociais. Daí, então, decorre a necessidade de atuação ambiental do Poder Público na orientação, na correção, na fiscalização e no monitoramento ambiental, de acordo com as diretrizes administrativas e as leis em vigor.

Na **relação entre o comércio e o meio ambiente**, há princípios, normas e regras que se entrelaçam e que devem ser observados, como o estudo do impacto ambiental, que é um dos instrumentos mais importantes de atuação administrativa na defesa do meio ambiente, pois se trata de um verdadeiro mecanismo de planejamento, bem como o seu resultado, que reflete diretamente na possibilidade de importação e exportação, já que funciona, muitas vezes, como barreira no exercício da atividade.

3.2 *Estudo de Impacto Ambiental (EIA)*

Antes de qualquer atividade que possa causar danos à qualidade ambiental, é necessário realizar um Estudo de Impacto Ambiental (EIA), que possui caráter eminentemente preventivo e destina-se a analisar e a entender as consequências da implantação de determinado projeto ambiental. Além disso, o EIA, por meio de métodos de análise de impacto ambiental e técnicas de previsão desse impacto, pode-se fazer um diagnóstico ambiental de coibição de práticas ou atividades produtivas fortemente poluidoras.

A não realização do EIA, nas atividades produtivas, pode levar a eventos danosos à qualidade de vida e ao bem-estar coletivo. Assim, é importante que o legislador e o constituinte optem por uma atitude de segurança e prudência em vez da rapidez na implementação do projeto.

No Brasil, o EIA teve sua primeira previsão na Lei nº 6.803, de 2 de julho de 1980 (Brasil, 1980), que dispôs sobre as diretrizes básicas para zoneamento industrial em área crítica. Mas foi com a Lei nº 6.938, de 31 de agosto de 1981 (Brasil, 1981b), Lei da Política Nacional do Meio Ambiente, que o EIA passou a integrar a legislação protetiva do meio ambiente no país. Essa lei foi regulamentada pelo Decreto nº 88.351, de 1º de junho de 1983 (Brasil, 1983), estabelecendo o Conselho Nacional do Meio Ambiente (Conama) como responsável pela fixação dos critérios básicos de estudo do impacto ambiental.

Assim, em 1986, o Conama editou a Resolução nº 1, de 23 de janeiro de 1986 (Brasil, 1986), que trata o EIA de maneira minuciosa e com linguagem objetiva e direta. Em 1988, o EIA adquire *status* de matéria constitucional. A maioria das doutrinas defende a compatibilidade dessa Resolução do Conama com a nova ordem constitucional, a partir de 1988. No artigo 1º dessa Resolução:

> *[...] considera-se impacto ambiental qualquer alteração das propriedades físicas, químicas e biológicas do meio ambiente, causada por qualquer forma de matéria ou energia resultante das atividades que, direta ou indiretamente, afetam:*

I – a saúde, a segurança e o bem-estar da população;
II – as atividades sociais e econômicas;
III – a biota;
IV – as condições estéticas e sanitárias do meio ambiente;
V – a qualidade dos recursos ambientais. (Brasil, 1986)

A avaliação abrange não apenas aspectos ecológicos, mas também os aspectos sociais e econômicos das atividades produtivas, como efeitos de ações humanas. É uma prática que visa à sustentabilidade, a fim de evitar alterações ambientais capazes de gerar degradações definitivas.

Segundo a Constituição Federal de 1988, o EIA deve anteceder as ações comerciais, quando associadas a situações potencialmente causadoras de degradação do meio ambiente. O estudo é exigido, portanto, como **condição preliminar**, integrando, assim, o processo de licenciamento ambiental da empresa. Contudo, somente atividades potencialmente causadoras de significativa degradação ambiental precisam realizar um EIA e um Relatório de Impacto Ambiental (Rima) como fase obrigatória do licenciamento.

3.3 *Licenciamento ambiental*

O licenciamento ambiental é um procedimento administrativo que se desenvolve em três fases:

1. Estudo de viabilidade do projeto (Licença Prévia), em que há a exigência, a elaboração e a aprovação do EIA antes de sua expedição.
2. Elaboração de um projeto mais detalhado (Licença de Instalação).
3. Vistoria da atividade (Licença de Operação).

Somente após a terceira etapa é que se autorizará o funcionamento do empreendimento e, portanto, se houver qualquer irregularidade nesse procedimento, a atividade em questão será considerada ilegal e poderá ser impugnada ou embargada.

A Resolução nº 1/1986 traz, ainda, um rol exemplificativo de atividades potencialmente causadoras de significativa degradação ao meio ambiente, entre elas os portos e os aeroportos. **Nesse contexto, o conceito de degradação ambiental assume especial importância, por se tratar de um conceito impreciso, indeterminado, que deve ser definido pelo órgão público no início do processo de licenciamento.** Não há discricionariedade da administração, ou seja, uma escolha entre possibilidades válidas na determinação de um processo de degradação ambiental, na aplicação de tal conceito, devendo ele emitir juízo estrito de legalidade, pela aplicação do Direito. Cabe ao Judiciário, sempre que provocado para tanto, pronunciar-se sobre a aplicação do conceito indeterminado em questão.

Da mesma maneira, apesar de haver certa divergência doutrinária, prevalece o posicionamento de caráter obrigatório, da sujeição ao EIA, relacionada às atividades elencadas na Resolução nº1/1986. É vedada, portanto, a dispensa pela Administração, ainda que fundada em motivo aparentemente legítimo, nessas situações (Brasil, 1986).

O EIA deve realizar uma série de análises e avaliações, entre elas:

- **Descrição da situação ambiental da área atingida, antes da implantação do empreendimento (aspectos ecológicos e socioeconômicos).**
- **Análise dos impactos ambientais do projeto (magnitude; positivo, negativo; direto, indireto; imediato, em médio prazo, em longo prazo; temporários, permanentes; grau de reversibilidade).**
- **Eventuais alternativas para o empreendimento (inclusive alternativa de não execução).**
- **Na constatação de impactos negativos, a definição de medidas mitigadoras.**
- **Elaboração de programa de acompanhamento e monitoramento dos impactos, a ser efetivado depois da implantação do empreendimento (Brasil, 1986).**

Em regra, cabe ao órgão ambiental estadual analisar e aprovar o EIA e seu relatório. No entanto, quando se trata de atividades nucleares, é incumbência da Comissão Nacional de Energia Nuclear; nas hipóteses de atividades causadoras de significativa degradação ambiental, seja de âmbito nacional, seja regional, essa análise e aprovação cabem ao Instituto Brasileiro do Meio Ambiente e dos Recursos Naturais Renováveis (Ibama). O entendimento dominante é que as conclusões do EIA apenas orientam a decisão do órgão administrativo ambiental, mas não são a única base usada para as decisões desse órgão. Contudo, sempre que o administrador decidir de maneira distorcida da solução proposta pelo EIA, terá de expor as razões que o levaram a optar por essa solução diversa (São Paulo, 1992).

3.4 *O comércio e o meio ambiente*

Independente de ser fixa ou passageira, a verdade é que a manifestação contemporânea da agenda comercial decorre, sobretudo, da globalização da economia mundial. **Esse processo assume contornos antes incogitáveis, como o fato de os comércios incorporarem, cada vez mais, padrões internacionais sobre políticas ambientais.** Estas são oriundas de comissões binacionais sobre temas ambientais, que visam destinar recursos para a realização de empreendimentos conjuntos de proteção ao meio ambiente e também aplicar sanções contra violações das leis ambientais. Afinal, a gestão ambiental ajuda a controlar o uso de recursos naturais, o que inclui medidas econômicas, regulamentos e normatização, compatibilizando o crescimento econômico com a preservação da natureza.

As questões ambientais e comerciais têm origem distinta no âmbito do ordenamento internacional. A relação entre o campo ambiental, de um lado, e o comercial e financeiro, na importação e na exportação, de outro, nasce, mantém-se e se extingue no mundo jurídico, em conformidade com a política de diretrizes governamentais.

Nesse sentido, nos âmbitos ambiental e comercial, haverá princípios que se entrelaçam e que devem ser observados, mas sempre com a finalidade de ordenamento ecológico, de modo a atender os objetivos políticos desses dois campos. Então, passa-se a privilegiar o consumo daqueles produtos que apresentem os menores danos possíveis ao meio ambiente. Um exemplo é a proibição, pelos Estados Unidos, da importação de atum proveniente de países que não adotam os procedimentos previstos na legislação norte-americana, com o objetivo de evitar a captura e a morte acidental de golfinhos.

> A gestão ambiental ajuda a controlar o uso de recursos naturais.

Ademais, e com particular importância para as reflexões inerentes ao que estamos estudando aqui, temos os acordos ambientais, multilaterais ou regionais, com sanções de natureza comercial. Entre os quais estão:

> *A Convenção Internacional sobre Comércio de Espécies Ameaçadas de Extinção, que estabeleceu regras restritivas ao comércio de várias espécies; a Convenção sobre Comércio Internacional de Espécies em Extinção da Fauna e da Flora Silvestre (CITES); a Convenção sobre Biodiversidade (CDB); o Protocolo de Cartagena; o Protocolo de Montreal sobre substâncias que afetam a Camada de Ozônio, e a Convenção da Basileia sobre o controle do movimento transfronteiriço de dejetos perigosos; GATT/OMC e alguns Blocos Econômicos regionais, como: a União Europeia, o NAFTA, o Mercosul e a ALCA; o Acordo sobre Agricultura; o Acordo sobre os Direitos de Propriedade Intelectual relacionados ao Comércio (inclui-se, aqui, a biopirataria, por exemplo); o Acordo Geral sobre o Comércio de Serviços, e o Acordo sobre Subsídios e Medidas Compensatórias; Declaração do Rio e Agenda 21.* (Motta, 1993)

É importante salientar que, ao longo do tempo, houve muitas mudanças de postura nos aspectos relacionados com o comércio e o meio ambiente. **As normas**

de comércio são utilizadas para dar capacidade de coerção à conservação do meio ambiente, por exemplo, para o empacotamento ou embalagem de produtos à submissão de critérios ambientais. Esses critérios são uma forma de proteção ambiental instrumentalizada, com o objetivo de incentivar e impor a otimização dos recursos. Equivalem às barreiras técnicas de comércio, à medida que se restringem o livre-comércio de importação e de exportação.

Os progressos em relação a esse tema podem ser visualizados pela análise do atual texto constitucional, que está em sintonia com os principais tratados internacionais, especialmente o Acordo sobre Barreiras Técnicas e o Acordo sobre Medidas Sanitárias e Fitossanitárias, concluídos no âmbito da OMC, os quais possuem regras que impedem que padrões técnicos (incluindo os de aspecto ambiental, como a rotulagem ecológica, por exemplo) sejam utilizados de modo a se transformarem em barreiras comerciais.

É comum, claro, que existam conflitos entre os extremos "meio ambiente e comércio". Nesses casos, são necessárias concordâncias práticas e harmonização, de forma a coordenar e combinar a conservação e a manutenção do meio ambiente com interesses do comércio internacional à prática do livre comércio, atribuindo direitos e garantias cabíveis tanto a um lado quanto a outro. Somente dessa forma é possível evitar o sacrifício total de uns em relação aos outros, de forma que as regras e os ganhos sejam sempre proporcionais tanto ao meio ambiente quanto ao comércio.

Fica claro, portanto, que as decisões, no que concerne aos impasses entre meio ambiente e comércio, devem ser tomadas levando-se em consideração os interesses coletivos. Porém, a conscientização ambiental vem crescendo consideravelmente e, assim, passa a ser o foco de atenções dos interesses coletivos, em oposição aos interesses comerciais, mas sem dissociação do tema desenvolvimento. Ou seja, o que os interesses populares buscam, atualmente, é o desenvolvimento sustentável e a primordial preservação ambiental.

Para saber mais

Desertificação

A exemplo do tema que estamos tratando aqui, constantemente acompanhamos o aparecimento dos danos irreversíveis ao meio ambiente pela insistente manutenção de práticas predatórias vinculadas às nossas atividades produtivas. E, de igual modo, percebemos que as atividades econômicas desenvolvidas podem ultrapassar a capacidade sustentável das condições ambientais de

determinada região, levando à perda da sustentabilidade dos ecossistemas. Como exemplo desse processo pouco perceptível a curto prazo, mas catastrófico a longo prazo, temos o processo denominado *desertificação*. No mundo, nas últimas décadas, vem ocorrendo significativo aumento do processo de desertificação (América do Sul, Oriente Médio, sul da África, noroeste da China, sudoeste dos Estados Unidos, Austrália e sul da Ásia). No Brasil, várias áreas (Nordeste, pampas gaúchos, cerrado do Tocantins, Norte do Mato Grosso e Minas Gerais) já são atingidas por esse processo.

3.5 *Leis ambientais*

Agora, estudaremos, ainda que de forma não aprofundada, algumas das que consideramos as mais importantes leis ambientais brasileiras, pois é imprescindível, tanto para continuarmos esse nosso estudo quanto para a vida, que você, leitor, esteja familiarizado com esses aspectos legais.

- Patrimônio Cultural – Decreto-Lei nº 25, de 30 de novembro de 1937 (Brasil, 1937).
  Organiza a Proteção do Patrimônio Histórico e Artístico Nacional, incluindo como patrimônio nacional os bens de valor etnográfico, arqueológico, os monumentos naturais, além dos sítios e paisagens de valor notável, sejam naturais ou construídos pelo homem. A partir do tombamento de um destes bens, fica proibida sua destruição, demolição ou mutilação sem prévia autorização do Serviço de Patrimônio Histórico e Artístico Nacional, SPHAN, que também deve ser previamente notificado, em caso de dificuldade financeira para a conservação do bem. Qualquer atentado contra um bem tombado equivale a um atentado ao patrimônio nacional.

- Fauna silvestre – Lei nº 5.197, de 3 de janeiro de 1967 (Brasil, 1967).
  A fauna silvestre é bem público (mesmo que os animais estejam em propriedade particular). A lei classifica como crime o uso, perseguição, apanha de animais silvestres, caça profissional, comércio de espécimes da fauna silvestres e produtos derivados de sua caça, além de proibir a introdução de espécie exótica (importada) e a caça amadorística sem autorização do Ibama. Também criminaliza a exportação de peles e couros de anfíbios e répteis (como o jacaré) em bruto. O site do Ibama traz um resumo comentado de todas as leis relacionadas à fauna brasileira, além de uma lista das espécies brasileiras ameaçadas de extinção.

- Atividades nucleares – Lei nº 6.453, de 17 de novembro de 1977 (Brasil, 1977).
Dispõe sobre a responsabilidade civil por danos nucleares e a responsabilidade criminal por atos relacionados com as atividades nucleares. Entre outros, determina que quando houver um acidente nuclear, a instituição autorizada a operar a instalação tem a responsabilidade civil pelo dano, independente da existência de culpa (Se for provada a culpa da vítima, a instituição apenas será exonerada de indenizar os danos ambientais). Em caso de acidente nuclear não relacionado a qualquer operador, os danos serão suportados pela União. A lei classifica como crime, produzir, processar, fornecer, usar, importar, ou exportar material sem autorização legal, extrair e comercializar ilegalmente minério nuclear, transmitir informações sigilosas neste setor, ou deixar de seguir normas de segurança relativas à instalação nuclear.

- Parcelamento do solo urbano – Lei nº 6.766, de 19 de dezembro de 1979 (Brasil, 1979).
Estabelece as regras para loteamentos urbanos, proibidos em áreas de preservação ecológica, naquelas onde a poluição representa perigo à saúde, em terrenos alagadiços. Da área total, 35% devem se destinar ao uso comunitário (equipamentos de educação, saúde, lazer etc.). O projeto de loteamento deve ser apresentado e aprovado previamente pelo Poder Municipal, sendo que as vias e áreas públicas passarão para o domínio da Prefeitura, após a instalação do empreendimento. Obs.: a partir da Resolução nº 1 do Conselho Nacional do Meio Ambiente (Conama) de 23 de janeiro de 1986, quando o empreendimento prevê construção de mais de mil casas, tornou-se obrigatório fazer um Estudo Prévio de Impacto Ambiental.

- Zoneamento industrial nas áreas críticas de poluição – Lei nº 6.803, de 2 de julho de 1980 (Brasil, 1980).
De acordo com esta lei, cabe aos estados e municípios estabelecer limites e padrões ambientais para a instalação e licenciamento das indústrias, exigindo Estudo de Impacto Ambiental. Municípios podem criar três classes de zonas destinadas à instalação de indústrias: 1) zona de uso estritamente industrial: destinada somente às indústrias cujos efluentes, ruídos ou radiação possam causar danos à saúde humana ou ao meio ambiente, sendo proibido instalar atividades não essenciais ao funcionamento da área; 2) zona de uso predominantemente industrial: para indústrias cujos processos possam ser submetidos ao controle da poluição, não causando incômodos maiores às atividades urbanas e repouso noturno, desde que se cumpram exigências, como a obrigatoriedade de conter área de proteção ambiental

que minimize os efeitos negativos; 3) zona de uso diversificado: aberta a indústrias que não prejudiquem as atividades urbanas e rurais.

- Área de Proteção Ambiental – Lei nº 6.902, de 27 de abril de 1981 (Brasil, 1981a).
  Lei que criou as "Estações Ecológicas" (áreas representativas de ecossistemas brasileiros, sendo que 90% delas devem permanecer intocadas e 10% podem sofrer alterações para fins científicos) e as "Áreas de Proteção Ambiental" ou APAs (onde podem permanecer as propriedades privadas, mas o poder público limita atividades econômicas para fins de proteção ambiental). Ambas podem ser criadas pela União, por um estado ou município. Importante: tramita na Câmara dos Deputados, em regime de urgência, o Projeto de Lei nº 2.892/1992, que modificaria a atual lei, ao criar o Sistema Nacional de Unidades de Conservação, SNUC.

- Política Nacional do Meio Ambiente – Lei nº 6.938, de 31 de agosto de 1981 (Brasil, 1981b).
  Define que o poluidor é obrigado a indenizar danos ambientais que causar, independentemente de culpa. O Ministério Público (Promotor de Justiça ou Procurador da República) pode propor ações de responsabilidade civil por danos ao meio ambiente, impondo ao poluidor a obrigação de recuperar e/ou indenizar prejuízos causados. Também esta lei criou os Estudos e respectivos Relatórios de Impacto Ambiental (EIA/Rima), regulamentados em 1986 pela Resolução nº 1/1986 do Conama. O EIA/Rima deve ser feito antes da implantação de atividade econômica que afete significativamente o meio ambiente, como estrada, indústria ou aterros sanitários, devendo detalhar os impactos positivos e negativos que possam ocorrer devido às obras ou após a instalação do empreendimento, mostrando ainda como evitar os impactos negativos. Se não for aprovado, o empreendimento não pode ser implantado.

- Ação Civil Pública – Lei nº 7.347, de 24 de julho de 1985 (Brasil, 1985).
  Lei de Interesses Difusos, que trata da ação civil pública de responsabilidades por danos causados ao meio ambiente, ao consumidor e ao patrimônio artístico, turístico ou paisagístico. Pode ser requerida pelo Ministério Público (a pedido de qualquer pessoa), ou por uma entidade constituída há pelo menos um ano. A ação judicial não pode ser utilizada diretamente pelos cidadãos. Normalmente, ela é precedida por um inquérito civil.

- Gerenciamento Costeiro – Lei nº 7.661, de 16 de maio de 1988 (Brasil, 1988b).
  Regulamentada pela Resolução nº 01 da Comissão Interministerial para os Recursos do Mar em 21/12/1990, esta lei traz as diretrizes para criar o

Plano Nacional de Gerenciamento Costeiro. Define Zona Costeira como o espaço geográfico da interação do ar, do mar e da terra, incluindo os recursos naturais e abrangendo uma faixa marítima e outra terrestre. O Plano Nacional de Gerenciamento Costeiro (Gerco) deve prever o zoneamento de toda esta extensa área, trazendo normas para o uso de solo, da água e do subsolo, de modo a priorizar a proteção e conservação dos recursos naturais, o patrimônio histórico, paleontológico, arqueológico, cultural e paisagístico. Permite aos estados e municípios costeiros instituírem seus próprios planos de gerenciamento costeiro, desde que prevaleçam as normas mais restritivas. As praias são bens públicos de uso do povo, assegurando-se o livre acesso a elas e ao mar. O gerenciamento costeiro deve obedecer às normas do Conselho Nacional do Meio Ambiente (Conama).

- Ibama – Lei nº 7.735, de 22 de fevereiro de 1989 (Brasil, 1989a).
Criou o Ibama, incorporando a Secretaria Especial do Meio Ambiente (antes subordinada ao Ministério do Interior) e as agências federais na área de pesca, desenvolvimento florestal e produção de borracha. Ao Ibama compete executar e fazer executar a política nacional do meio ambiente, atuando para conservar, fiscalizar, controlar e fomentar o uso racional dos recursos naturais. Hoje subordina-se ao Ministério do Meio Ambiente, MMA.

- Agrotóxicos – Lei nº 7.802, de 11 de julho de 1989 (Brasil, 1989b).
A Lei dos Agrotóxicos regulamenta desde a pesquisa e fabricação dos agrotóxicos até sua comercialização, aplicação, controle, fiscalização e também o destino da embalagem. Impõe a obrigatoriedade do receituário agronômico para venda de agrotóxicos ao consumidor. Também exige registro dos produtos nos Ministérios da Agricultura e da Saúde e no Instituto Brasileiro do Meio Ambiente e dos Recursos Naturais Renováveis, Ibama. Qualquer entidade pode pedir o cancelamento deste registro, encaminhando provas de que um produto causa graves prejuízos à saúde humana, meio ambiente e animais. O descumprimento da lei pode acarretar multas e reclusão, inclusive para os empresários.

- Exploração mineral – Lei nº 7.805, de 18 de julho de 1989 (Brasil, 1989d).
Regulamenta a atividade garimpeira. A permissão da lavra é concedida pelo Departamento Nacional de Produção Mineral, DNPM, a brasileiro ou cooperativa de garimpeiros autorizada a funcionar como empresa, devendo ser renovada a cada cinco anos. É obrigatória a licença ambiental prévia, que deve ser concedida pelo órgão ambiental competente. Os trabalhos de pesquisa ou lavra que causarem danos ao meio ambiente são passíveis de

suspensão, sendo o titular da autorização de exploração dos minérios responsável pelos danos ambientais. A atividade garimpeira executada sem permissão ou licenciamento é crime. O site do *DNPM oferece a íntegra desta lei e de toda a legislação que regulamenta a atividade minerária no país. Já o Ministério do Meio Ambiente, oferece comentários detalhados sobre a questão da mineração.*

- Política agrícola – Lei nº 8.171, de 17 de janeiro de 1991 (Brasil, 1991). *Coloca a proteção do meio ambiente entre seus objetivos e como um de seus instrumentos. Num capítulo inteiramente dedicado ao tema, define que o Poder Público (federação, estados, municípios) deve disciplinar e fiscalizar o uso racional do solo, da água, da fauna e da flora; realizar zoneamentos agroecológicos para ordenar a ocupação de diversas atividades produtivas (inclusive instalação de hidrelétricas), desenvolver programas de educação ambiental, fomentar a produção de mudas de espécies nativas, entre outros. Mas a fiscalização e uso racional desses recursos também cabem aos proprietários de direito e aos beneficiários da reforma agrária. As bacias hidrográficas são definidas como as unidades básicas de planejamento, uso, conservação e recuperação dos recursos naturais, sendo que os órgãos competentes devem criar planos plurianuais para a proteção ambiental. A pesquisa agrícola deve respeitar a preservação da saúde e do ambiente, preservando ao máximo a heterogeneidade genética.*

- Engenharia genética – Lei nº 8.974, de 5 de janeiro de 1995 (Brasil, 1995). *Regulamentada pelo Decreto 1.752, de 20/12/1995, a lei estabelece normas para aplicação da engenharia genética, desde o cultivo, manipulação e transporte de organismos geneticamente modificados (OGM) até sua comercialização, consumo e liberação no meio ambiente. Define* engenharia genética *como a atividade de manipulação de material genético, que contém informações determinantes de caracteres hereditários de seres vivos. A autorização e fiscalização do funcionamento de atividades na área e da entrada de qualquer produto geneticamente modificado no país é de responsabilidade dos ministérios do Meio Ambiente (MMA), da Saúde (MS) e da Agricultura. Toda entidade que usar técnicas de engenharia genética é obrigada a criar sua Comissão Interna de Biossegurança, que deverá, entre outros, informar trabalhadores e a comunidade sobre questões relacionadas à saúde e segurança nesta atividade. A lei criminaliza a intervenção em material genético humano* in vivo *(exceto para tratamento de defeitos genéticos), sendo que as penas podem chegar a vinte anos de reclusão.*

- Política Nacional de Recursos Hídricos – Lei nº 9.433, de 8 de janeiro de 1997 (Brasil, 1997).
Institui a Política Nacional de Recursos Hídricos e cria o Sistema Nacional de Recursos Hídricos. Define a água como recurso natural limitado, dotado de valor econômico, que pode ter usos múltiplos (consumo humano, produção de energia, transporte, lançamento de esgotos). Descentraliza a gestão dos recursos hídricos, contando com a participação do Poder Público, usuários e comunidades. São instrumentos da nova Política das Águas: 1- os Planos de Recursos Hídricos (por bacia hidrográfica, por Estado e para o País), que visam gerenciar e compatibilizar os diferentes usos da água, considerando inclusive a perspectiva de crescimento demográfico e metas para racionalizar o uso, 2- a outorga de direitos de uso das águas, válida por até 35 anos, deve compatibilizar os usos múltiplos, 3- a cobrança pelo seu uso (antes, só se cobrava pelo tratamento e distribuição), 4- os enquadramentos dos corpos d´água. A lei prevê também a criação do Sistema Nacional de Informação sobre Recursos Hídricos para a coleta, tratamento, armazenamento e recuperação de informações sobre recursos hídricos e fatores intervenientes em sua gestão.

- Lei de crimes ambientais – Lei nº 9.605, de 12 de fevereiro de 1998 (Brasil, 1998).
Reordena a legislação ambiental brasileira no que se refere às infrações e punições. A partir dela, a pessoa jurídica, autora ou coautora da infração ambiental, pode ser penalizada, chegando à liquidação da empresa, se ela tiver sido criada ou usada para facilitar ou ocultar um crime ambiental. Por outro lado, a punição pode ser extinta quando se comprovar a recuperação do dano ambiental e – no caso de penas de prisão de até 4 anos – é possível aplicar penas alternativas. A lei criminaliza os atos de pichar edificações urbanas, fabricar ou soltar balões (pelo risco de provocar incêndios), danificar as plantas de ornamentação, dificultar o acesso às praias ou realizar desmatamento sem autorização prévia. As multas variam de R$ 50 a R$ 50 milhões. É importante lembrar que, na responsabilidade penal, é preciso provar a intenção (dolo) do autor do crime ou sua culpa (imprudência, negligência e imperícia). Difere da responsabilidade civil ambiental, que não depende de intenção ou culpa. Para saber mais: o Ibama tem, em seu site, um quadro com as principais inovações desta lei, bem como de todos os vetos presidenciais.

Fonte: Adaptado de Portal São Francisco, 2012.

Algumas outras leis:

- Lei da ação popular – Lei nº 4.717, de 29 de junho de 1965.

 Art. 1º Qualquer cidadão será parte legítima para pleitear a anulação ou a declaração de nulidade de atos lesivos ao patrimônio da União, do Distrito Federal, dos Estados e dos Municípios, de entidades autárquicas, de sociedades de economia mista (Constituição artigo 141, § 38), de sociedades mútuas de seguro nas quais a União represente os segurados ausentes, de empresas públicas, de serviços sociais autônomos, de instituições ou fundações para cuja criação ou custeio o tesouro público haja concorrido ou concorra com mais de cinquenta por cento do patrimônio ou da receita ânua, de empresas incorporadas ao patrimônio da União, do Distrito Federal, dos Estados e dos Municípios, e de quaisquer pessoas jurídicas ou entidades subvencionadas pelos cofres públicos. (Brasil, 1965)

- Lei de educação ambiental – Lei nº 9.795, de 27 de abril de 1999, que "Dispõe sobre a educação ambiental, institui a Política Nacional de Educação Ambiental e dá outras providências".

 Art. 1º Entende-se por educação ambiental os processos por meio dos quais o indivíduo e a coletividade constroem valores sociais, conhecimentos, habilidades, atitudes e competências voltadas para a conservação do meio ambiente, bem de uso comum do povo, essencial à sadia qualidade de vida e sua sustentabilidade.

 Art. 2º A educação ambiental é um componente essencial e permanente da educação nacional, devendo estar presente, de forma articulada, em todos os níveis e modalidades do processo educativo, em caráter formal e não formal. (Brasil, 1999)

- Sistema nacional de unidades de conservação – Lei nº 9.985, de 18 de julho de 2000, que "Regulamenta o art. 225, § 1º, incisos I, II, III e VII da Constituição Federal, institui o Sistema Nacional de Unidades de Conservação da Natureza e dá outras providências".

 Art. 1º Esta Lei institui o Sistema Nacional de Unidades de Conservação da Natureza – SNUC, estabelece critérios e normas para a criação, implantação e gestão das unidades de conservação.

 Art. 2º Para os fins previstos nesta Lei, entende-se por:

 I – unidade de conservação: espaço territorial e seus recursos ambientais, incluindo as águas jurisdicionais, com características naturais relevantes, legalmente instituída pelo Poder Público, com objetivos de conservação e limites definidos, sob regime especial de administração, ao qual se aplicam garantias adequadas de proteção;

II – conservação da natureza: o manejo do uso humano da natureza, compreendendo a preservação, a manutenção, a utilização sustentável, a restauração e a recuperação do ambiente natural, para que possa produzir o maior benefício, em bases sustentáveis, às atuais gerações, mantendo seu potencial de satisfazer as necessidades e aspirações das gerações futuras, e garantindo a sobrevivência dos seres vivos em geral;

III – diversidade biológica: a variabilidade de organismos vivos de todas as origens, compreendendo, dentre outros, os ecossistemas terrestres, marinhos e outros ecossistemas aquáticos e os complexos ecológicos de que fazem parte; compreendendo ainda a diversidade dentro de espécies, entre espécies e de ecossistemas. (Brasil, 2000)

- Política nacional dos resíduos sólidos – Lei nº 12.305, de 2 de agosto de 2010.

Art. 1º Esta Lei institui a Política Nacional de Resíduos Sólidos, dispondo sobre seus princípios, objetivos e instrumentos, bem como sobre as diretrizes relativas à gestão integrada e ao gerenciamento de resíduos sólidos, incluídos os perigosos, às responsabilidades dos geradores e do poder público e aos instrumentos econômicos aplicáveis. (Brasil, 2010)

- Florestas – Lei nº 12.651, de 25 de maio de 2012, comumente conhecida como *Novo Código Florestal*.

Art. 1º-A. Esta Lei estabelece normas gerais com o fundamento central da proteção e uso sustentável das florestas e demais formas de vegetação nativa em harmonia com a promoção do desenvolvimento econômico, atendidos os seguintes princípios: (Incluído pela Medida Provisória nº 571, de 2012).

I – reconhecimento das florestas existentes no território nacional e demais formas de vegetação nativa como bens de interesse comum a todos os habitantes do País; (Incluído pela Medida Provisória nº 571, de 2012).

II – afirmação do compromisso soberano do Brasil com a preservação das suas florestas e demais formas de vegetação nativa, da biodiversidade, do solo e dos recursos hídricos, e com a integridade do sistema climático, para o bem-estar das gerações presentes e futuras; (Incluído pela Medida Provisória nº 571, de 2012).

III – reconhecimento da função estratégica da produção rural na recuperação e manutenção das florestas e demais formas de vegetação nativa, e do papel destas na sustentabilidade da produção agropecuária; (Incluído pela Medida Provisória nº 571, de 2012).

IV – consagração do compromisso do País com o modelo de desenvolvimento ecologicamente sustentável, que concilie o uso produtivo da terra e a contribuição de serviços coletivos das florestas e demais formas de vegetação nativa privadas; (Incluído pela Medida Provisória nº 571, de 2012).

V – ação governamental de proteção e uso sustentável de florestas, coordenada com a Política Nacional do Meio Ambiente, a Política Nacional de Recursos Hídricos, a Política Agrícola, o Sistema Nacional de Unidades de Conservação da Natureza, a Política de Gestão de Florestas Públicas, a Política Nacional sobre Mudança do Clima e a Política Nacional da Biodiversidade; (Incluído pela Medida Provisória nº 571, de 2012).

VI – responsabilidade comum de União, Estados, Distrito Federal e Municípios, em colaboração com a sociedade civil, na criação de políticas para a preservação e restauração da vegetação nativa e de suas funções ecológicas e sociais nas áreas urbanas e rurais; (Incluído pela Medida Provisória nº 571, de 2012).

VII – fomento à inovação para o uso sustentável, a recuperação e a preservação das florestas e demais formas de vegetação nativa; e (Incluído pela Medida Provisória nº 571, de 2012).

VIII – criação e mobilização de incentivos jurídicos e econômicos para fomentar a preservação e a recuperação da vegetação nativa, e para promover o desenvolvimento de atividades produtivas sustentáveis. (Incluído pela Medida Provisória nº 571, de 2012). (Brasil, 2012a)

É importante deixar claro que, aqui, citamos apenas algumas das leis ambientais brasileiras. Há, no entanto, muitas outras, as quais você, leitor atuante na área de gestão ambiental, deve estar familiarizado. Além disso, é importante ressaltar que **essas leis estão em constantes processos de reavaliação e adequação**, sendo igualmente necessário que você esteja acompanhando essas mudanças a fim de se manter atualizado nesses quesitos.

capítulo 4

Avaliação de Impactos Ambientais (AIA) e Avaliação de Riscos (AR)

Agora estudaremos a Avaliação de Impactos Ambientais (AIA) e a Avaliação de Riscos (AR), pois, no campo empresarial, esses são fatores muito importantes.

A AIA é um instrumento de gestão ambiental utilizado de forma preventiva, a fim de assegurar que os projetos sejam analisados de acordo com os possíveis impactos ambientais que possam causar.

> *Instrumento de política ambiental, formada por um conjunto de procedimentos capaz de assegurar, desde o início do processo, que se faça um exame sistemático dos impactos ambientais de uma ação proposta (projeto, programa, plano ou política) e de suas alternativas, e que os resultados sejam apresentados de forma adequada ao público.* (Moreira, 1990, p. 33)

Você pode verificar, no Quadro 4.1, os principais instrumentos de planejamento de gestão e suas normativas nacionais e internacionais e, no Quadro 4.2, as fases de empreendimentos, que estão relacionadas aos Instrumentos de Planejamento de Gestão (IPG).

Quadro 4.1 – Principais instrumentos para o gerenciamento ambiental

Instrumento	Referências internacionais	Referências nacionais
AIA	Princípios da AIA, ISO 14001	Resolução Conama nº 1/1986
Análise de Risco	ISO/IEC 31010:2012 ISO 31000	Norma Cetesb P4.261
Auditoria Ambiental	ISO 19011	Resolução Conama nº 306/2002
Avaliação de desempenho	ISO 14031 e 14032	–
Avaliação social	AS 8000, ISO 26000	Instituto Ethos
Avaliação do Ciclo de vida	ISO 14040	Códigos Gerais do Programa Atuação Responsável

(continua)

(Quadro 4.1 – conclusão)

Instrumento	Referências internacionais	Referências nacionais
Segurança e Saúde Ocupacional	OHSAS 18001	As NRs
Rotulagem Ambiental	ISO 14020, 14021, 14024	ABNT Qualidade Ambiental

Quadro 4.2 – Instrumentos ambientais relacionados às fases dos empreendimentos

Fase do Empreendimento	Ferramentas e instrumentos de gestão	Governo	Sociedade
Planejamento e projeto	AIA, EIA, Rima, Análise de Risco, Avaliação de Passivo, Avaliação do Ciclo de Vida.	LP (licença prévia)	Audiência e Reuniões Públicas, Programa de Comunicação.
Implantação/ construção	Monitoramento Ambiental, Sistema de Gestão Ambiental (SGA), Auditoria.	LI (licença de instalação), Relatório de monitoramento e andamento, vistoria e fiscalização.	Comitês de Acompanhamentos, Relatórios de Atividades, Programa de Comunicação.
Operação/ Funcionamento	Monitoramento. Ambiental, SGA, Auditoria, Avaliação de Desempenho.	LO (licença de operação), normas de padrões ambientais, Relatório de monitoramento e desempenho.	Comitês de Acompanhamentos, Relatórios de Desempenho, Balanço Ambiental, Balanço Social.
Desativação/ fechamento	Investigação do Passivo, Plano de fechamento ou desativação, Plano de Recuperação de Área Degradada (Prad), Monitoramento e Auditoria.	Normas e Padrões Ambientais, Autorização de fechamento.	Audiências e Reuniões Públicas, Relatório de Desempenho Ambiental.

Além de ter caráter e enfoque técnico-científico, a AIA apresenta vertentes políticas.

- **Estudo de Impacto Ambiental (EIA)**: É um instrumento de decisão técnica, que no Brasil visa subsidiar o licenciamento ambiental.
- **Relatório de Impacto do Meio Ambiente (Rima)**: Tem objetivo claro e explícito, pois é o documento escrito ao qual a população tem acesso para entender a razão da atividade a ser implantada.

O EIA tem caráter preventivo e deve anteceder o Licenciamento Ambiental. Porém, a cada novo pedido de uma nova etapa do Licenciamento Ambiental (LP, LI ou LO), bem como em fases de sua renovação, podem ser exigidas a apresentação do EIA e do Rima, contudo, ambos só podem ser exigidos pelo Poder Público, de qualquer uma das três esferas. A AIA tem como característica a publicidade e a participação da sociedade.

É importante ressaltar, ainda, que o EIA compreende, no mínimo, como já mencionamos anteriormente:

- a descrição do projeto e suas alternativas nas fases de planejamento, construção, operação e desativação, quando necessário;
- o diagnóstico ambiental da área de influência;
- a identificação e a avaliação dos impactos;
- a comparação das possíveis alternativas de resolução e a previsão de estado ambiental futuro, nos casos de adoção de cada uma das alternativas possíveis;
- a possibilidade de não execução do projeto;
- a identificação das medidas mitigadoras e do processo de monitoramento dos impactos, finalizando a elaboração do relatório de impacto ambiental.

4.1 *A AIA na política nacional do meio ambiente*

Como vimos nos capítulos anteriores, existem muitos fatores que compõem o meio ambiente. Esses fatores (físico, químico, biológico) sofrem modificações naturais ao longo do tempo, mas, quando intervenções alteram, tiram de ritmo ou interrompem essas modificações de forma significativa, temos o que chamamos de *impacto ambiental*. Essas intervenções podem ser humanas (como o desmatamento e as queimadas) ou naturais (como as erupções vulcânicas).

Neste livro, usaremos a definição de *impacto ambiental* adotada pelo Conselho Nacional do Meio Ambiente (Conama), que considera como impacto "qualquer alteração das propriedades físicas, químicas e biológicas do meio ambiente causada por qualquer forma de matéria ou energia resultante das atividades humanas que, direta ou indiretamente, afetam" (Brasil, 1986):

- a biota;
- a qualidade dos recursos ambientais;
- a saúde;
- a segurança e o bem-estar da população;
- as atividades sociais e econômicas;
- as condições estéticas e sanitárias do meio ambiente.

Ainda de acordo com essa definição, os impactos podem ser classificados em várias categorias:

- **Direto**: Relação simples de causa e efeito.
- **Estratégico**: O componente ambiental tem relevante interesse.
- **Imediato**: Efeito no instante em que se dá a ação.
- **Indireto**: Resultante de ação secundária.
- **Local**: No próprio sítio e imediações.
- **Médio ou longo prazo**: Impacto que se manifesta certo tempo após a implantação do projeto.
- **Negativo**: Dano à qualidade e à condição de um fator ou parâmetro.
- **Positivo**: Melhoria da qualidade de um fator ou parâmetro ambiental.
- **Regional**: Além do sítio da ação.

A Norma ISO 14001, por sua vez, define:

> *Que a organização deve estabelecer e manter procedimentos para identificar os aspectos ambientais de suas atividades, produtos e serviços que possam por ela ser controlados e sobre os quais se presume que ela tenha influência, a fim de determinar aqueles que tenham ou possam ter impacto significativo sobre o meio ambiente.*
>
> - *ASPECTOS AMBIENTAIS são todos os elementos das atividades, produtos e serviços de uma organização que possam interagir com o meio ambiente.*
> - *IMPACTOS AMBIENTAIS são quaisquer alterações no meio ambiente, sejam adversas ou benéficas e que resultem total ou parcialmente de atividades, produtos e serviços de uma organização.* (ABNT, 2004, grifo nosso)

Com base nessas definições, podemos perceber que são muitas as funções da AIA, que deve, ainda:

- Contemplar as possibilidades tecnológicas e de localização.

- Identificar e avaliar de modo sistemático os impactos ambientais.
- Delimitar a área geográfica a ser direta ou indiretamente modificada.
- Considerar os planos e programas governamentais.
- Fazer o Diagnóstico Ambiental do:
  - meio físico;
  - meio biológico;
  - meio socioeconômico;
- Obter dados e informações secundárias: internet, livros, textos, mapas, imagens, séries históricas etc.
- Obter dados e informações primárias: observações de campo, análise de água, armadilhas, entrevistas etc.

É importante ressaltarmos que os aspectos ambientais são avaliados por vários propósitos, como a obtenção de licenças e a avaliação de desempenhos para a implantação de um Sistema de Gestão Ambiental (SGA), entre outros. A avaliação desses aspectos se desenvolve pelo emprego de inúmeras variáveis, que são escolhidas usando como base as características dos empreendimentos, os tipos de organizações e os aspectos gerados por eles. Cabe lembrarmos que, quando o objetivo dessa avaliação é a implantação de um SGA, a metodologia tem de ser direcionada para a obtenção de duas grandes classes de aspectos:

1. **Não Significativos.**
2. **Significativos** (para os quais a norma NBR ISO 14001 determina a obrigatoriedade de serem considerados atribuindo objetivos, metas e programas).

Não existe, portanto, uma metodologia de avaliação genérica, capaz de se mostrar eficiente em todos os casos. De maneira geral, as variáveis são atribuídas considerando critérios qualiquantitativos dos aspectos.

Para os critérios qualitativos temos:

- **Normalidade:** Representada por duas situações:
  - **normal**, quando classifica os aspectos gerados pelas atividades e rotinas normais da empresa;
  - **anormal**, quando classifica os aspectos gerados em uma condição atípica. Por exemplo, na reforma de um barracão, o resíduo de construção civil é um aspecto gerado por uma condição esporádica.
- **Situação:** Sabemos que o aspecto é definido por toda a forma de energia que promove uma modificação do meio, tanto positiva quanto negativa. Nesse caso, a **situação** pode ser:
  - **benéfica**, quando os aspectos analisados não prejudicam o meio ambiente;

- **adversa**, quando os aspectos analisados geram prejuízo ao meio ambiente.
- **Responsabilidade** – Pode ser classificada em:
  - **direta**, que são todos aqueles aspectos para os quais a organização possui controle, como os efluentes gerados pelos seus processos.
  - **indireta**, que são aqueles aspectos aos quais a organização pode influenciar, como o gasto de combustível gerado pelos seus fornecedores.

Em determinados momentos da avaliação dos aspectos, a metodologia necessita atribuir "pesos" para facilitar a distinção e a classificação dos aspectos ambientais. Esses pesos podem descrever uma variação sutil entre uma condição e outra, como "peso 1", para presença de resíduos de papel, e "peso 2", para a presença de resíduos de plástico. Há também atribuições capazes de representar situações de grandes amplitudes, como "peso 1" para a presença de resíduos recicláveis e "peso 100" para a presença de resíduos radioativos. Vale ressaltar, no entanto, que não é possível encontrar escalas predefinidas, pois estas, obrigatoriamente, devem ser construídas para aquele objetivo específico, além de testadas e modificadas quantas vezes forem necessárias para se tornarem adequadas ao processo.

No entanto, para as escalas de pesos, existem duas características que podem ser atribuídas:

- **Abrangência:** Para representar os impactos que se restringem somente ao local de ocorrência; para os impactos que se restringem aos limites físicos da empresa; para os impactos que atingem a região adjacente à empresa; para os impactos que atingem amplas áreas externas.
- **Frequência:** Para aqueles impactos que têm a probabilidade de ocorrência de menos de uma vez ao ano; para ocorrência anual; para ocorrência mensal; para ocorrência semanal ou diária.

Seria impossível esgotarmos esse assunto com a apresentação de todas as possíveis variáveis utilizadas em metodologias de avaliação de aspectos, pois existem inúmeras situações, como a gravidade, a significância, o peso, o volume, a presença de características tóxicas, a relação com os requisitos legais, entre outras. Todavia, cabe ressaltarmos que a metodologia, quando elaborada, deve dar um embasamento lógico para a identificação daqueles aspectos que são ou não significativos.

4.2 *Diagnóstico e prognóstico ambiental*

A palavra *diagnóstico* tem origem no adjetivo grego *diagnóstikós* (Houaiss; Villar, 2009), que significa tomar conhecimento sobre alguma coisa, fazer análise minuciosa a fim de determinar ou conhecer, por meio dos sintomas, uma doença ou um possível fator que levará à doença. Nesse sentido, define-se como *diagnóstico ambiental* a análise de todos os componentes ambientais (físico, químico, biológico) de uma determinada área para investigar a degradação já existente. Um diagnóstico ambiental é, portanto, a "Descrição e análise dos recursos ambientais e suas interações, tal como existem, de modo a caracterizar a situação ambiental da área, antes da implantação do projeto" (Brasil, 1986).

O termo *prognóstico*, por sua vez, vem do grego "*prognóstikós* [...] que concerne ao conhecimento do que deve acontecer" (Houaiss; Villar, 2009). O prognóstico pretende, então, traçar "o provável desenvolvimento futuro ou o resultado de um processo" (Houaiss; Villar, 2009), sendo, portanto, uma medida primordialmente preventiva.

> *[É] o conjunto de ações que servirão na análise dos impactos ambientais do projeto e suas alternativas, através da identificação da magnitude e interpretação da importância dos prováveis impactos relevantes, discriminando: os impactos positivos e negativos (benéficos e adversos), diretos e indiretos, imediatos e a médio e longo prazos, temporários e permanentes; seu grau de reversibilidade; suas propriedades cumulativas e sinérgicas; a distribuição dos ônus e benefícios sociais.* (Brasil, 1986)

Esses dois itens constituem etapas muito importantes na implantação de instrumentos, ferramentas ou programas de gestão, pois o **levantamento preciso das condições atuais ambientais**, tanto dos ecossistemas quanto nos espaços antrópicos – como, por exemplo, empresas em áreas urbanas –, possibilita o estabelecimento adequado de: indicadores para análise; levantamento de fragilidades; dimensionamento de danos ocasionados ou possíveis; identificação de aspectos e impactos ambientais; levantamento de passivos; valoração ambiental, entre outros. É importante lembrar que, para que essas etapas sejam realizadas satisfatoriamente, é necessário conhecer uma série de padrões comparativos, como condições ideais e anteriores, legislação, normas, condições paisagísticas e sistemas ecológicos.

4.2.1 *Avaliação de Riscos (AR)*

Para compreendermos a AR é necessário, primeiro, estarmos familiarizados com dois termos: ***perigo***, que é uma situação que profetiza um acontecimento que, por sua vez, pode causar um acidente, considerando algo eminente; e ***risco***, que é a multiplicação da gravidade de um efeito pela frequência de uma causa. Com a intersecção desses dois termos, temos o que chamamos de *evento perigoso*.

Na AR, é importante considerar dois aspectos: **primeiro**, a probabilidade de ocorrência do evento gerador do acidente (evento perigoso), e, **segundo**, a potencialidade que esse acidente tem de causar danos. Além disso, para a avaliação, devem ser consideradas as seguintes atividades:

- Definir e planejar a estratégia de quantificação dos riscos com base em informações anteriores.
- Quantificar, mensurar a concentração ou intensidade.
- Verificar a eficiência das medidas de controle empregadas.
- Verificar e comparar os valores encontrados com os limites legais e de tolerância.

Além disso, é importante, na avaliação, que sejam consideradas as seguintes medidas:

- Alteração de projetos.
- Alteração do agente agressivo.
- Controle do tempo de exposição.
- Enclausuramento da fonte geradora.
- Modificação do processo ou da operação.
- Segregação do processo.
- Utilização de equipamentos para proteção.

4.2.2 Termos frequentes

Agora, apresentaremos uma sequência de termos conforme são empregados em metodologias de AR, como, por exemplo, na implantação dos Serviços de Avaliação de Saúde e Segurança Ocupacional (*Occupational Health and Safety Assessment Services*, ou OHSAS, como são denominados) e em outras metodologias de avaliação:

- **Acidente:** Acontecimento calamitoso, em que foram registradas perdas sociais e prejuízos econômicos.
- **Ameaça:** Evento raro ou extremo no meio natural ou antrópico que afeta adversamente a vida.
- **Avaliação de riscos:** Independente do tipo da fonte de riscos, a avaliação é sempre o resultado decorrente da probabilidade de ocorrer um evento com determinada intensidade e da vulnerabilidade dos elementos do meio ambiente perante o evento.

- **Avaliação**: Processo para determinar o impacto de um desastre ou acontecimento em uma sociedade.
- **Desastre**: Alteração séria das funções de uma sociedade, que ocasiona perdas humanas, materiais ou ambientais.
- **Elemento do risco**: População, propriedades, atividades econômicas (incluindo serviços públicos) etc. submetidas a uma determinada área de risco.
- **Evento**: Acontecimento em que não foram registradas perdas sociais e prejuízos econômicos.
- **Eventos perigosos (*hazards*)**: São fenômenos, naturais ou não, fatos sociais ou assemelhados que provocam algum tipo de perda.
- ***Hazard***: A ameaça de um evento ou a probabilidade de ocorrência de um fenômeno potencialmente perigoso em um dado período de tempo e em uma determinada área.
- **Perigo**: Ameaça potencial a pessoas ou bens.
- **Risco aceitável**: Significa que a intensidade do evento é tal que medidas estruturais de segurança podem ser executadas com custo adequado, ou que o risco de perdas econômicas e de vidas esteja dentro dos níveis considerados aceitáveis.
- **Risco agudo**: Decorrente de emissões de energia ou matéria em grandes quantidades e em um curto espaço de tempo.
- **Risco ambiental**: É o risco que ocorre no meio ambiente, seja este interno ou externo. Pode ser classificado de acordo com o tipo de atividade (explosão, descarga contínua); exposição (instantânea, crônica); probabilidade de ocorrência; severidade; reversibilidade; visibilidade; duração e somatória de efeitos.
- **Risco atual**: Corresponde ao risco instalado em áreas ocupadas, apontando os locais que devem receber prioritariamente as medidas estruturais e não estruturais voltadas à redução desses riscos.
- **Risco com características crônicas**: Aquele que apresenta uma ação contínua por longo período. Por exemplo: efeitos sobre os recursos hídricos, a vegetação, o solo e a saúde.
- **Risco percebido pelo público**: A percepção social de risco depende, em grande parte, de quem é responsável pela decisão de aceitá-la ou não. A facilidade de compreensão e de aceitação do risco que se corre depende das informações fornecidas.
- **Risco potencial**: Caracteriza os terrenos quanto à sua suscetibilidade para geração de novas situações de risco em áreas ainda não intensamente ocupadas, fornecendo subsídios para a expansão e o adensamento das diferentes formas de uso do solo.

- **Risco total**: Expectativa do número de perdas de vida, pessoas atingidas, danos às propriedades, intervenções nas atividades econômicas devido a um fenômeno natural particular.
- **Risco**: Expectativa de perda esperada (vida, propriedade, interrupção das atividades econômicas) causada por um fenômeno particular.
- **Susceptibilidade**: Fragilidade natural ou induzida de ocorrência de um evento.
- **Vulnerabilidade**: Dimensão na qual uma comunidade, uma estrutura, um serviço ou uma área geográfica podem ser danificados ou alterados.

Agora, você poderá verificar, na Figura 4.1, as possíveis associações dos riscos ambientais e todos os fatores que podem interferir na frequência e na potencialidade de um dano ambiental. Além disso, nos Quadros 4.3 e 4.4, respectivamente, apresentaremos algumas classes utilizadas nas avaliações de riscos quanto às condições e aos critérios qualitativos.

Figura 4.1 – Fluxo de riscos ambientais

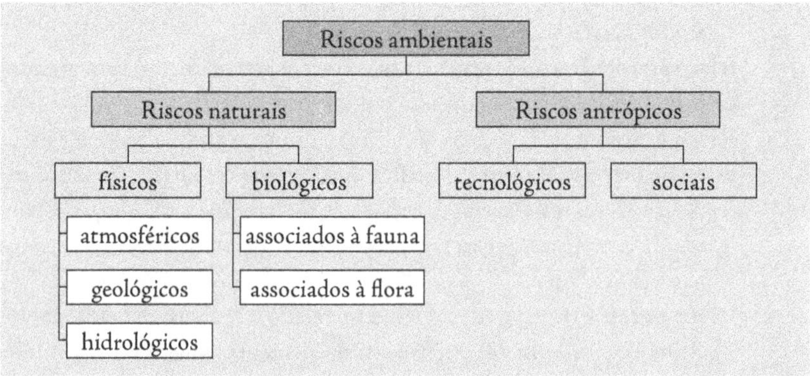

Quadro 4.3 – Avaliação da magnitude das consequências

Classe	Magnitude
I	Desprezível
II	Marginal
III	Crítica
IV	Catastrófica

Quadro 4.4 – Avaliação da possibilidade de ocorrência

Classe	Denominação
A	Extremamente remota
B	Remota
C	Improvável
D	Provável
E	Frequente
F	Muito frequente
G	Rotineira

4.3 *Metodologias e ferramentas de gerenciamento de riscos*

No gerenciamento de riscos, é necessário que algumas metodologias e ferramentas sejam empregadas. Todavia, combinações ou modificações destas podem ocorrer. Essas modificações ocorrem por meio de adaptações feitas em determinadas empresas ou ocasiões ou mediante ajustes, buscando promover um melhor enquadramento em certas condições específicas. Dentro de algumas ferramentas e metodologias, podemos citar:

- **Carta de zoneamento de eventos perigosos:** Documento que registra as várias probabilidades ou potencialidades para que ocorram eventos perigosos.
- **Carta de zoneamento de risco:** Documento elaborado com o auxílio da Carta de zoneamento de eventos perigosos e da vulnerabilidade, que registra os níveis de riscos.
- **Gestão de risco:** Processo que inclui a seleção e a implementação de procedimentos regulatórios mais adequados.

É importante ressaltar que a AR aponta as ferramentas que podem ser utilizadas para avaliação e tratamento. Conforme Morgado (1995), algumas das ferramentas mais utilizadas são:

- Análise de Árvore de Falha (AAF).
- Análise dos Modos de Falhas e Efeito (AMFE).
- Análise Preliminar de Risco (APR).
- Estudo de Operabilidade e Risco (Hazop).
- Série de Riscos (SR).
- Técnicas de Incidentes Críticos (TIC).
- *What If/Check List* (WIC).

O programa de prevenção de riscos ambientais usualmente empregado, considerando os riscos, consiste em:

- antecipar o risco;
- identificar o risco;
- avaliar o risco;
- monitorar e controlar o risco;
- avaliar a amplitude e a complexidade dos riscos;
- levantar as hipóteses acidentais;
- estimar os riscos;
- implantar um Programa de Gerenciamento de Riscos (PGR);
- definir ações de mitigação de efeitos e gerenciamento de causas.

4.3.1 *Impactos ambientais*

Dentro da discussão sobre avaliação de impactos e riscos ambientais, cabe ressaltarmos alguns critérios importantes, sobretudo no que se refere aos impactos ambientais.

Impacto ambiental é toda a alteração de uma condição ambiental conhecida. Por exemplo, a redução da disponibilidade de um determinado recurso natural ou matéria-prima ou a alteração de parâmetros da qualidade da água, do ar ou do solo pela liberação de efluente ou a geração de resíduos.

Cabe lembrarmos, então, que esses impactos são gerados pelas atividades normais de produção, ou seja, pela lógica: quanto mais se produz, mais impactos são gerados. Uma vez que estes são gerados, devemos gerenciá-los com base em três etapas principais:

- **Etapa I:** É a etapa da **identificação**, mais conhecida como Levantamento de Aspectos e Impactos Ambientais (Laia), que deve ser realizada com o máximo de abrangência possível, levantando todos os impactos gerados.
- **Etapa II:** É a etapa da **avaliação**, na qual deve ser construída uma metodologia que avalie o impacto, empregando critérios qualiquantitativos, como frequência de geração e abrangência, entre outros.
- **Etapa III:** Nesta etapa, são propostos os **tratamentos** a todos os impactos considerados significativos na etapa anterior, como tratamento de resíduos e de efluentes, gerenciamento de recursos naturais, recuperação de áreas degradadas, entre outros.

Os riscos devem ser identificados, avaliados e gerenciados, adotando-se ações que possibilitem a diminuição da sua frequência por meio de medidas preventivas e/ou o controle do seu potencial de dano com medidas protetivas. Diferentemente dos impactos, os riscos tratam de eventos não esperados e, portanto, procedimentos de respostas diante de acidentes gerados devem ser propostos. Para isso, são empregadas técnicas de simulação de acidente com práticas e revisões das respostas de emergências. Veja, na Figura 4.2, um fluxograma de práticas preventivas e protetivas.

Figura 4.2 – Práticas preventivas e protetivas

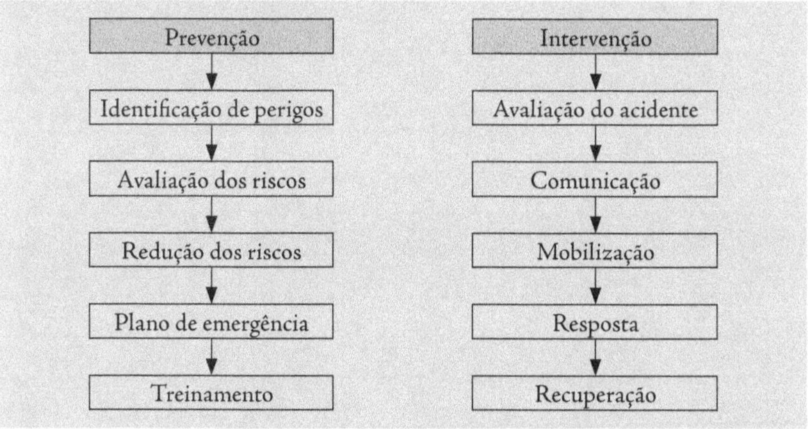

É importante ressaltar que, aqui, apresentamos os métodos e as ferramentas abordados na AIA e também na AR utilizando metodologias didáticas, com o intuito de promover o primeiro contato com essas terminologias e instigar você, leitor, a posteriores pesquisas e aprofundamentos nos quesitos que lhe forem interessantes. Vale lembrar ainda que, em termos de gestão ambiental, todas as definições tratadas aqui são muito importantes, seja teoricamente, seja em termos práticos.

capítulo 5

Certificação ambiental

Agora que já estudamos o que são as certificações ambientais e como elas acontecem – além de fatores importantes como barreiras verdes; acordos de livre comércio; processo brasileiro de industrialização; fatores básicos do mercado internacional; barreiras ambientais; mercado verde; *marketing* verde; padronizações, certificações, selos e rotulagens ambientais; leis ambientais e avaliação e fatores de risco –, você já tem uma visão geral e relativamente ampla dos fatores comerciais ligados ao meio ambiente. Dessa forma, voltaremos a falar de certificação ambiental, mas sob uma abordagem mais prática e técnica. Optamos por essa estrutura porque, para entender as questões técnicas de certificação, bem como as questões que virão nos capítulos posteriores, essa visão geral (e os termos estudados) dada nos primeiros capítulos é primordial.

5.1 *Estrutura da ISO*

A International Organization for Standardization – ISO (ou Organização Internacional para Padronização) tem a descentralização como uma das principais características de seus trabalhos, a qual é atribuída pela diversificação étnica da equipe dos comitês e por estes terem o compromisso de considerar os interesses das diversas classes e dos países. As normas produzidas pelos comitês técnicos responsáveis estipulam padrões internacionais. A estrutura organizacional da ISO é composta por mais de 2.850 comitês, subcomitês e grupos de trabalho. Cada um desses comitês, chamados de *Technical Commite* (TC), é composto por representantes de diversas áreas (industrial, pesquisa, autoridades governamentais, representantes de grupos de consumidores e organizações internacionais).

A **descentralização** se dá justamente pela existência desse grande número de TC, pois, como mencionamos anteriormente, cada comitê é responsável por criar uma série de normas, em determinadas áreas e, além disso, há especialistas de cada um dos países membros em cada um dos comitês, para assegurar padrões internacionais.

No início da década de 1990, o Strategic Advisory Group on the Environmental (Sage) iniciou os estudos na área ambiental tendo como referência básica os princípios relativos à qualidade (série ISO 9000), nos quais foram levantados Sistemas de Gestão Ambiental (SGA), já existentes em alguns países, abrangendo os seguintes temas:

- Avaliação de *performance* ambiental.
- Rotulagem ambiental.
- Auditoria ambiental.
- Análise de ciclo de vida.
- Aspectos ambientais e normas de produtos.

As preocupações com a padronização ambiental em si surgiram na ISO 14000, porém com normas avulsas, como, por exemplo, Qualidade do Ar, criada pelo TC-147, ou Qualidade da Água e do Solo, criadas pelo TC-190.

Contudo, é importante lembrar que foi na Conferência das Nações Unidas sobre o Meio Ambiente e o Desenvolvimento (Eco-92) que surgiu a proposta da criação de um grupo, na ISO, com a finalidade de promover estudos para o processo de elaboração de normas de gestão ambiental. Então, em 1993, foi criado o TC-207, que é o comitê técnico responsável pela elaboração das normas de caráter internacional, da série ISO 14000, e tem o propósito de estabelecer um padrão no SGA. Foi, portanto, a partir daí que a ISO passou a assumir posturas de padrões realmente significativos para as questões ambientais.

5.2 *Criação das normas*

Durante a criação das normas, vários documentos são elaborados pelos TC e submetidos à aprovação da ISO, processo esse que é composto por três fases principais:

- **Fase 1:** Compreende a necessidade requerida, geralmente pelo setor industrial, de uma normatização internacional relativa à padronização de alguns produtos, processos e transações internacionais, como cartões de créditos, por exemplo.
- **Fase 2:** Ocorre a elaboração de um padrão (*standard*), após acordos iniciais, acerca dos detalhes das características relativas a eles, buscando o estabelecimento de um consenso entre as partes. Trata-se de uma fase crítica, na qual os interesses são postos em questão.
- **Fase 3:** Quando ocorre a aprovação dos padrões dos rascunhos (*draft*), com o consenso mínimo de dois terços dos membros com participação ativa no processo de desenvolvimento de padrões e mais 75% de todos os

membros volantes. Após essa etapa, ocorrerá a aprovação definitiva da norma, com sua devida publicação.

Você pode verificar, no Quadro 5.1, uma lista das normas elaboradas pelo TC-207, estabelecidas em ordem de relevância.

Quadro 5.1 – Normas da série ISO 14000

Norma	
ISO 14001:2004	Sistemas de Gestão Ambiental – Requisitos com orientações para uso.
ISO 14004:2004	Sistemas de Gestão Ambiental – Diretrizes gerais sobre princípios, sistemas e técnicas de apoio.
ISO 14005:2010	Sistemas de Gestão Ambiental – Diretrizes para a implementação faseada de um sistema de gestão ambiental, incluindo a utilização da avaliação de desempenho ambiental.
ISO 14015:2001	Gestão ambiental – Avaliação ambiental dos locais e das organizações (GEAA).
ISO 14020:2000	Rótulos e declarações ambientais – Princípios gerais.
ISO 14021:1999	Rótulos e declarações ambientais – Autodeclarações ambientais (Tipo II rotulagem ambiental).
ISO 14024:1999	Rótulos e declarações ambientais – Tipo I rotulagem ambiental – Princípios e procedimentos.
ISO 14025:2006	Rótulos e declarações ambientais – Tipo III declarações ambientais – Princípios e procedimentos.
ISO 14031:1999	Gestão ambiental – Avaliação do desempenho ambiental – Diretrizes.
ISO 14040:2006	Gestão ambiental – Avaliação do ciclo de vida – Princípios e estrutura.
ISO 14044:2006	Gestão ambiental – Avaliação do ciclo – Requisitos e diretrizes.
ISO 14050:2009	Gestão ambiental – Vocabulário.
ISO 14063:2006	Gestão ambiental – Comunicação ambiental – Diretrizes e exemplos.
ISO Guide 64:2008	Guia para tratar das questões ambientais nas normas sobre produtos.
ISO TR / 14047:2003	Gestão ambiental – Avaliação de impacto do ciclo de vida – Exemplos de aplicação da ISO 14042.
ISO TR / 14049:2000	Gestão ambiental – Avaliação do ciclo – Exemplos de aplicação da ISO 14041 para definição de objetivo e escopo e análise de inventário.

(continua)

(Quadro 5.1 – conclusão)

Norma	
ISO TR / 14062:2002	Gestão ambiental – Integração de aspectos ambientais na concepção e no desenvolvimento de produtos.
ISO / TS 14048:2002	Gestão ambiental – Avaliação do ciclo – Formato de documentação.

É importante ressaltar, ainda, que são três os princípios que fundamentam as normas ISO:

1. **O princípio do consenso:** Existe a obrigatoriedade teórica de levar em consideração o interesse de todos na busca de um denominador comum, ou seja, o ideal é que haja um consenso entre as partes. Contudo, é possível perceber que algumas das partes, sobretudo as representadas por grandes empresas e representantes de países fortes, exercem considerável influência na aprovação das normas.
2. **O princípio da abrangência internacional:** Tem como fundamento primordial a busca da ampla aplicação para os setores estudados, propondo soluções e uma aplicabilidade global.
3. **O princípio da voluntariedade:** Não há obrigatoriedade que as empresas adotem os princípios estipulados pelas normas. A aceitação dos critérios tem que partir de um interesse pela certificação ambiental.

5.3 *Série ISO 14000*

As normas dessa série estabelecem padrões para a implantação e a orientação de um SGA nas organizações, os quais visam:

- "Estabelecer, implementar, manter e aprimorar um sistema de gestão ambiental;
- Assegurar a conformidade com sua política ambiental definida;
- Buscar conformidade com a norma na autoavaliação, na relação com as partes envolvidas, ou buscar certificação" (ABNT, 1997).

É importante ressaltar que a norma não estabelecerá critérios ou indicadores específicos de desempenho, e sim procedimentos e padrões que têm como objetivo facilitar a avaliação do sistema. Tratando-se de sistemas, é necessário relembrarmos que todos esses estudos tiveram como precursor o biólogo alemão Ludwig von Bertalanffy, cuja **Teoria Geral dos Sistemas**, segundo Capra (1996, p. 55), "é como uma ciência geral de totalidade, com uma visão holística e fundamentada em preceitos de base biológica, a ser aplicada em diferentes estudos".

Nesse contexto, a família ISO 14000 propõe normas desenvolvidas para o gerenciamento ambiental e tem como objetivo fornecer orientações elaboradas com o intuito de promover um melhor desempenho ambiental para a empresa, segundo a premissa de que o Estado não é suficiente na defesa do meio ambiente.

Para saber mais

Aquecimento global

O aquecimento global é um fenômeno gerado pelo chamado *efeito estufa*, que é, basicamente, a retenção dos raios infravermelhos na atmosfera terrestre. Essa retenção acontece porque, com a emissão de poluentes, alguns gases se instalam na atmosfera, permitindo, assim, que a radiação infravermelha entre, mas não que ela seja refletida e saia, o que causa um aquecimento maior que o necessário no planeta. Esse aquecimento, por sua vez, causa efeitos como degelo nos polos, aumento do nível do mar e aumento significativo da temperatura nos continentes.

Patrick Poendl/Fotolia

5.3.1 *ISO 14001 Sistema de Gestão Ambiental (SGA)*

A mais conhecida entre as normas da série ISO 14000, a norma ISO 14001 especifica os requisitos correspondentes a um SGA, gerando subsídios para que as organizações desenvolvam e implementem sistemas de gestão que tenham "uma política e objetivos que levem em conta os requisitos legais e outros requisitos, por ela subscritos, e informações referentes aos aspectos ambientais significativos" (ABNT, 1997).

Como um dos objetivos principais da ISO é a padronização, torna-se necessária a utilização de termos e definições aplicados a ela, facilitando as definições e eliminando a subjetividade na conceituação e suas interpretações. Os termos aplicados nessa série são apresentados na ISO 14050.

Com o uso da terminologia correta e das condições estipuladas pela norma, a organização que se submeter aos padrões da ISO estabelecerá um SGA que implicará, obrigatoriamente, documentação e procedimentos de melhoria contínua.

Você poderá verificar o número de certificações emitidas por continente na tabela 5.1; e comparar as certificações emitidas no Brasil por setores e por região nas Tabelas 5.2 e 5.3, respectivamente.

Tabela 5.1 – Certificações emitidas por continente

Continente	Total de certificados
América Central	109
África	1.098
América do Sul	4.246
América do Norte	7.673
Ásia	57.945
Europa	56.825
Oceania	2.146
Total	130.042

Fonte: Inmetro, 2006.

De acordo com esses dados, é possível perceber que, no Brasil, as regiões Sudeste e Sul, respectivamente, têm o maior número de certificações em comparação às outras regiões do país. Além disso, na perspectiva mundial, é possível perceber que a América Central e a África são os continentes com o menor número de certificações.

Esses dados refletem o nível de desenvolvimento da região e as características dos seus processos produtivos, que ainda demonstram um atraso tecnológico perante muitos países europeus ou asiáticos. No caso do Brasil, os dados apresentam uma coerência bastante interessante, que, de forma análoga, confirmam essa teoria.

5.3.2 *Política ambiental*

As políticas ambientais têm papéis significativos na implantação de um SGA, pois definem os objetivos gerais e as principais condutas,

Tabela 5.2 – Estatísticas das certificações ISO por região no Brasil

Região	Porcentagem de certificações
Centro-Oeste	1%
Norte	4%
Nordeste	11%
Sul	17%
Sudeste	67%

Fonte: Adaptado de Universo Ambiental, 2012.

Tabela 5.3 – Estatísticas de certificações ISO por setor no Brasil

Setor	Porcentagem de certificações
Agroflorestal/Papel e Celulose/Florestal Madeira/ Reflorestamento/Moveleiro	5%
Alimentícia/Bebidas	4%
Automotiva	17%
Construção Civil/Material deConstrução	2%
Cosméticos/Higiene/Limpeza	1%
Elétrica/Eletroeletrônico/Eletrônico	3%
Fábrica Vidros	1%
Farmacêutica/Hospital	3%
Hidrelétrica/Serviços Públicos/Saneamento	3%
Metalurgia	6%
Mineração	2%
Outros	9%
Petroquímica	7%
Plásticos/Borracha	3%
Prestação de Serviços	8%
Química	10%
Siderurgia	3%
Tecnologia/Computação/Telecomunicações	5%
Têxtil/Calçados	2%
Transportes/Hotelaria/Turismo/Logística/Navegação	6%

Fonte: Adaptado de Universo Ambiental, 2012.

no que se refere às questões ambientais, da organização/empresa em questão. Nesse sentido, são uma expressão da consciência ambiental que compromete a tomada de decisões da alta direção da organização/empresa, de forma que as resoluções desta levem em consideração as questões ambientais relevantes.

A política ambiental é uma das primeiras ações que a organização deve tomar quando tem o interesse na implantação de um SGA, firmando a sua responsabilidade ambiental e o seu comprometimento com o meio ambiente. A política especificada na norma ISO 14001 estabelece critérios, conforme sugere o texto a seguir:

> *A alta direção deve definir a política ambiental da organização e assegurar que ela seja apropriada à natureza, escala de impactos ambientais das suas atividades, produtos e serviços; que inclua o comprometimento com a melhoria contínua e com a prevenção de poluição; que inclua o comprometimento com o atendimento à legislação e normas ambientais aplicáveis e demais requisitos subscritos pela organização; que forneça estrutura para o estabelecimento e revisão dos objetivos e metas ambientais; que seja documentada, implementada, mantida e comunicada a todos os empregados e que esteja disponível para o público.* (ABNT, 1997)

Externamente, a política se caracteriza pela documentação da responsabilidade ambiental, construindo uma imagem proativa, adiante das necessidades ambientais e das relações de interesse da organização.

5.3.3 *Planejamento*

O planejamento de um SGA pretende antecipar as ações, buscando visões holísticas, com conhecimentos prévios obtidos com pesquisas, para, então, dimensionar o tempo, estabelecer etapas e propor objetivos. O início do planejamento deve visualizar três situações (Figura 5.1):

Figura 5.1 – Fluxograma de exemplificação das fases do planejamento

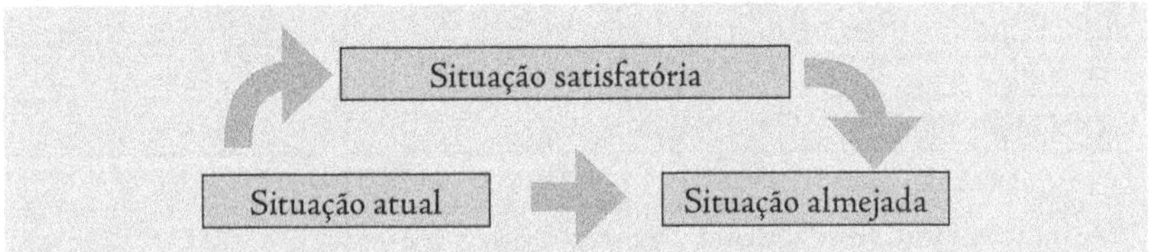

É importante lembrar, ainda, que é viável que o planejamento de um SGA seja iniciado pela análise das condições ambientais, seguida pelas decisões da alta administração quanto ao estabelecimento de objetivos e metas a serem alcançados.

Dentro da norma brasileira (NBR ISO 14001), o item "planejamento" inclui os seguintes subitens:

- **Aspectos ambientais:** Estabelece que a empresa/organização deve implementar e manter procedimentos a fim de identificar todos os aspectos ambientais, controlar e influenciar o desenvolvimento e o planejamento de atividades, determinar aspectos que tenham – ou possam ter – impactos significativos e documentar informações e mantê-las atualizadas.
- **Requisitos legais e outros:** Comenta tanto sobre os requisitos legais quanto sobre quaisquer outros requisitos necessários para o planejamento. Nessa etapa, faz-se um levantamento de toda a legislação aplicável à empresa e se estabelecem meios para o seu atendimento.
- **Objetivos, metas e programas:** Criados para todos os aspectos ambientais que foram considerados significativos nas etapas anteriores. Os objetivos são estabelecidos com base em indicadores mensuráveis e aplicáveis (percentual de redução de uso de recursos, volume de resíduos separados ou tratados etc.). As metas são propostas de períodos previamente estabelecidos dentro de um ciclo, normalmente considerando um ano (12 meses). Os programas são conjuntos de atividades e procedimentos que apresentam os meios pelos quais a empresa pretende cumprir os objetivos e as metas propostos.

Cabe lembrarmos que, para identificar quais aspectos são significativos entre todos os levantados pela organização, o SGA deve, obrigatoriamente, estabelecer uma metodologia de avaliação ou classificação de aspectos e impactos ambientais, e essa ferramenta metodológica deve considerar variáveis qualiquantitativas, como já citamos no Capítulo 4.

5.3.4 *Implementação e operação*

Para que as condições necessárias para a implementação e a operação do SGA sejam obtidas, é necessária a criação de uma série de estruturas organizacionais e de pessoas qualificadas, a fim de atingir os objetivos definidos pelo sistema ambiental.

Para essa etapa, segundo a descrição da norma ISO 14001, devem ser considerados os seguintes elementos:

- competência, treinamento e conscientização;
- comunicação;
- controle de documentos;
- controle operacional;
- documentação;

- preparação e resposta às emergências;
- recursos, funções, responsabilidades e autoridade (ABNT, 1997).

Nessa fase, os procedimentos são elaborados com o objetivo de implementar as ações e os programas levantados na fase de planejamento. É nesse momento que se realizam os treinamentos, criam-se os canais de comunicação, adquirem-se equipamentos e tecnologias e avaliam-se os riscos, bem como ocorre o estabelecimento das funções e responsabilidades e são propostos procedimentos para a elaboração de todos os documentos gerados na construção de um SGA.

5.3.5 *Verificação*

Para atendermos às condições expressas na política ambiental, a busca da melhoria contínua, a averiguação do cumprimento dos objetivos e o acompanhamento de atividades que possam causar danos, é necessário estabelecermos procedimentos para monitorar e medir as atividades, os processos, o atingimento dos objetivos, a realização dos procedimentos, o atendimento aos requisitos e outros critérios considerados críticos do sistema. A verificação do sistema seguida, se necessário, de uma ação corretiva ou de melhoria, possibilita atender aos fundamentos de um SGA.

Para a norma ISO 14001, o processo de verificação pode ser desmembrado pelos seguintes itens:

- monitoramento e medição;
- avaliação do atendimento a requisitos legais e outros;
- não conformidade, ação corretiva e ação preventiva;
- controle de registros;
- auditoria interna (ABNT, 2004).

Uma das principais etapas dessa fase são as auditorias, que podem ser internas ou externas. Com auxílio desse mecanismo de avaliação, é possível identificar o nível de atendimento a uma norma, ou seja, o quanto da norma e dos procedimentos internos estabelecidos foram atendidos.

5.3.6 *Análise crítica/Avaliação*

Essa etapa analisa desde a necessidade de modificação do SGA até as oportunidades de melhoria. Os itens necessários a ela, determinados pela ISO 14001, são os seguintes (ABNT, 2004):

- Resultado das auditorias e cumprimento da legislação e de outros requisitos.

- Comunicação entre os *stakeholders*.
- Desempenho ambiental alcançado pela empresa.
- Níveis de atendimento de objetivos e metas.
- Andamento das ações corretivas e preventivas.
- Monitoramento das ações propostas.
- Mudanças de procedimentos.
- Solicitação de melhoria.

É importante ressaltar que optamos, aqui, por mostrar apenas os itens necessários à etapa, de forma a apresentá-la, ainda que superficialmente, para que você a conheça. Isso porque o aprofundamento, não só da análise crítica/avaliação como de quaisquer outras etapas, requer estudos específicos sobre esses temas, o que não é o foco desta obra.

5.4 *OHSAS 18001**

Abordaremos, aqui, de forma simplificada, os *Occupational Health and Safety Assessment Services* (Serviços de Avaliação de Saúde e Segurança Ocupacional), ou OHSAS, como são denominados, mais especificamente a norma OHSAS 18001, com o objetivo de apresentar a sequência de implantação adotada pelo sistema e demonstrar a semelhança dessa série com a norma NBR ISO 14001. Nesse sentido, apresentaremos um apanhado geral dos elementos que compõem a série OHSAS 18001.

Figura 5.2 – Elementos de um sistema bem-sucedido de gestão de saúde ocupacional e segurança

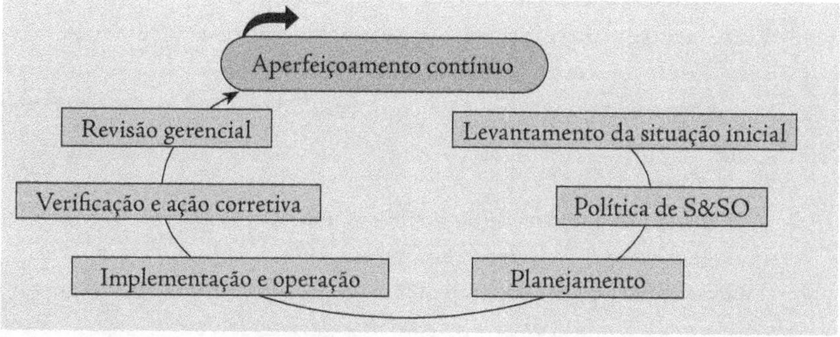

Fonte: Adaptado de OHSAS 18001, 1999.

* *O tópico OHSAS 18001 foi escrito com base no texto original da OHSAS 18001 (1999).*

- **Requisitos gerais:** A organização estabelece um sistema de gestão de saúde ocupacional e segurança.
- **Política de saúde ocupacional e segurança:** A política, de acordo com a OHSAS 18001 (1999), deve obedecer aos seguintes requisitos:
  - estar acessível;
  - ser correspondente à escala dos riscos;
  - ser divulgada;
  - ser documentada, implementada e mantida;
  - ser reavaliada periodicamente;
  - ter incluído o compromisso com a melhoria contínua;
  - ter incluído o compromisso com o atendimento à legislação.
- **Planejamento:** De acordo com a norma OHSAS, este item deve ser subdividido de acordo com os seguintes subitens:
  - identificação de situação de fatores de risco, análise e controle de riscos;
  - objetivos;
  - programa(s) de gestão de saúde ocupacional e segurança;
  - requisitos legais e outros requisitos.
- **Implementação e operação:** De acordo com a norma, este item deve ser subdividido de acordo com os seguintes subitens:
  - consulta e comunicação.
  - controle de documentos e dados.
  - controle operacional.
  - documentação.
  - estrutura e responsabilidade.
  - preparação e atendimento de emergência.
  - treinamento, conscientização e competência.
- **Verificação e ação corretiva:** De acordo com a norma, este item deve ser subdividido de acordo com os seguintes subitens:
  - acidentes, incidentes, não conformidades e ações corretivas e preventivas.
  - auditoria.
  - monitoramento e medição do desempenho.
  - registros e gerenciamento dos registros.
- **Análise crítica pela administração:** De acordo com a norma, este item deve ser subdividido de acordo com os seguintes subitens:
  - resultado das auditorias e cumprimento da legislação e de outros requisitos.
  - comunicação entre os *stakeholders*.
  - desempenho ambiental alcançado pela empresa.
  - níveis de atendimento de objetivos e metas.

- andamento das ações corretivas e preventivas.
- monitoramento das ações propostas.
- mudanças de procedimentos.
- solicitação de melhoria.
- dados/documentos/considerações iniciais.
- intenção.
- processo.
- requisito.
- resultados esperados.

5.5 *Responsabilidade socioambiental e a ISO 26000*

Em novembro de 2010, em Genebra, na Suíça, ocorreu a publicação da norma internacional ISO 26000 – Diretrizes sobre Responsabilidade Social – e, aproximadamente um mês depois dessa publicação, foi lançada a versão em português, a ABNT NBR ISO 26000, na Fiesp, em São Paulo. Nesse documento,

> *a responsabilidade social se expressa pelo desejo e pelo propósito das organizações em incorporarem considerações socioambientais em seus processos decisórios e a responsabilizar-se pelos impactos de suas decisões e atividades na sociedade e no meio ambiente. Isso implica um comportamento ético e transparente que contribua para o desenvolvimento sustentável, que esteja em conformidade com as leis aplicáveis e seja consistente com as normas internacionais de comportamento. Também implica que a responsabilidade social esteja integrada em toda a organização, seja praticada em suas relações e leve em conta os interesses das partes interessadas.* (Inmetro, 2012)

A implantação da norma ISO 26000, sem dúvida, encontra grandes dificuldades, sobretudo no que tange à padronização das ações sociais. Uma delas é conciliar as diferentes tradições culturais dos países. Sem dúvida, trata-se de uma polêmica, considerando a diversidade dos costumes e dos sistemas legais. Por exemplo: em alguns países, o uso de maconha é permitido, em Cingapura, porém, é crime sujeito à pena de morte. O trabalho infantil, o papel da mulher e as religiões, com toda certeza, entram na lista de dificuldades pela busca de um senso comum no que diz respeito a padrões de responsabilidade social e à proposta de uma ética global.

As dificuldades não impedirão essas mudanças, que cada vez mais apontam para uma tendência de mercado que visa um posicionamento mais atuante na responsabilidade socioambiental. Assim, por mais que a norma ISO tenha um caráter de voluntariedade e de orientação, as empresas se veem pressionadas à adoção dessas novas condições. Hoje, com a velocidade da informação, internet e canais de TV, qualquer "passo em falso" de uma multinacional reflete, quase que instantaneamente, no valor de suas ações. No caso de multinacionais, essa preocupação torna-se um aspecto fundamental, pela prática em adotar posturas diferentes em suas sedes instaladas em países em desenvolvimento das localizadas nos países de origem. Uma contribuição da ISO será inibir esse tipo de postura, evitando uma dupla personalidade empresarial e não validando diferentes níveis de ética ambiental.

Outro fator importante, tratando-se de responsabilidade social que a ISO 26000 aborda, é a diferenciação entre ações sociais consistentes, que repercutem mudanças de condição social, focadas em objetivos e metas e baseadas em indicadores de demanda social das ações filantrópicas, sem comprometimento com resultados. Doações de cestas básicas, construções de praças e campos de futebol para comunidades carentes, bem como investimentos de empresas brasileiras na preservação e em ações sociais em outros territórios, deverão ser, antes de tudo, bem analisadas e verificadas quanto a sua real contribuição. O que se espera é que essas ações considerem prioritariamente as necessidades locais, que sejam desconectadas de um simples *lobby* de mercado. Espera-se ainda que a ação social esteja alinhada com o negócio, com foco no público-alvo, seja contínua e autogeradora e estabeleça uma rede de atores sociais preocupados em atuar de forma significativa, principalmente nas áreas que sofrem diretamente a influência da empresa.

Na questão da criação de barreiras tarifárias, como mencionamos nos capítulos anteriores em relação às normas da série ISO 14000, há uma condição diferente para a norma 26000, como afirma Cajazeira (2006, p. 28):

> *No caso da ISO 26000 é um pouco diferente. Hoje, os países que têm dificuldade em imagem social são justamente os países emergentes. Ninguém desconfia que um produto sueco seja socialmente irresponsável, mas se o produto for chinês surgem dúvidas. Se for um produto feito na Dinamarca, você jamais vai dizer que foi utilizado trabalho infantil. Mas se for do México, já existe preocupação. Então, para os países com grande exportação e que têm ainda um pé no terceiro mundo, como o Brasil, México, China e África do Sul, a norma [é] extremamente favorável. Tanto que na ISO a participação dos países pobres é maior, o que não ocorria historicamente.*

Essa norma objetiva promover a responsabilidade social e expressa o interesse das organizações em vincular as ações de responsabilidade aos processos de tomada de decisão e, assim, comprometer-se pelos impactos e reflexos gerados na sociedade por suas atividades. A norma implica, portanto, a integração da responsabilidade social em toda a organização, promovendo um comportamento ético e transparente que contribua para a sustentabilidade social e conduza a legalidade das ações da empresa, assim como a sua consistência com padrões de comportamentos internacionais adotados como referência.

Para o atendimento desses objetivos, a norma estabelece orientações para as organizações sobre:

- definições e termos correspondentes à responsabilidade social;
- dados referentes a projeções, ações pretéritas e características da responsabilidade social;
- práticas relativas e princípios;
- temas norteadores e questões relevantes;
- incorporação, realização e incentivo ao comportamento socialmente responsável em toda a organização
- levantamento e engajamento de públicos adotantes das causas;
- comunicação de indicadores de desempenho e manifestações de compromissos.

Cabe lembrar que a ISO 26000 não é uma norma certificável; portanto, qualquer oferta de certificação é falsa. A norma visa estabelecer, apenas, diretrizes de uso voluntário.

O Brasil tem se destacado internacionalmente nesse campo, pois foi um dos poucos países a elaborar uma norma nacional sobre responsabilidade social, a NBR 16001, lançada pela Associação Brasileira de Normas Técnicas (ABNT).

Outro ponto que não poderíamos deixar de discutir é a existência de uma série de instrumentos e ferramentas desenhadas com o mesmo propósito: promover a responsabilidade social. O Balanço Social, por exemplo, é uma ferramenta de gestão empresarial que tem a função de gerar transparência e credibilidade no que diz respeito às ações socioambientais, além de propor e sistematizar a comunicação à sociedade sobre os resultados e investimentos realizados pelas empresas em projetos e programas de responsabilidade social. Promovendo o conhecimento da abrangência das ações diante dos desafios socioambientais com o uso desse instrumento de diálogo, os balanços sociais ajudam a fortalecer a mobilização das partes interessadas.

O Global Compact é outro exemplo: elaborado para ser um programa da Organização das Nações Unidas (ONU), objetiva mobilizar a comunidade empresarial para o desenvolvimento de valores fundamentais sobre trabalho, sociedade e meio ambiente. Foi desenvolvido pelo ex-secretário-geral da ONU, Kofi Annan, e propõe que as empresas busquem contribuir para a promoção de uma estrutura socioambiental consistente, assegurando que todos desfrutem dos benefícios da nova economia global.

Afinado com essas preocupações, o Instituto Ethos de Empresas e Responsabilidade Social inspirou-se na instituição norte-americana chamada Business and Social Responsibility e, desde 1998, busca disseminar a prática da Responsabilidade Social Empresarial (RSE), ajudando as empresas a compreenderem e a incorporarem critérios dessa prática e, de forma progressiva, implementarem políticas e práticas com critérios éticos. O Instituto Ethos também assumiu a tarefa de promover e incentivar formas inovadoras e eficazes de gestão do relacionamento da empresa entre todos os seus públicos e a atuação em parceria com as comunidades na construção do bem-estar comum, de tal forma a promover ações que considerem os seguintes elementos:

- valores e transparência;
- público interno;
- meio ambiente;
- fornecedores;
- comunidade;
- consumidores/clientes;
- governo e sociedade.

As práticas de RSE se tornam cada vez mais numerosas e abrangentes no cenário global, e o ganho dessas ações é percebido no grande número de evidências de projetos e programas desenvolvidos pelas organizações, incluindo práticas de interação com os colaboradores, consumidores, clientes, fornecedores, meio ambiente, governo e sociedade.

capítulo 6

Auditoria e perícia ambiental

Neste capítulo, trataremos de dois fatores importantes para todas as empresas/organizações que já têm, ou ainda vão implementar, um Sistema de Gestão Ambiental (SGA): auditoria ambiental e perícia ambiental, respectivamente.

6.1 *Auditoria*

Denomina-se *auditoria* o exame realizado a pedido (contratação de empresa especializada) da própria empresa/organização, a fim de verificar se as atividades desenvolvidas estão em conformidade com os critérios preestabelecidos em determinados planos ou programas, ou seja, é uma verificação sistemática e criteriosa do andamento e do cumprimento de determinado projeto, bem como uma análise do cumprimento dos objetivos predispostos nesse projeto.

Uma **auditoria ambiental**, portanto, visa uma análise profunda do andamento e do cumprimento das normas estabelecidas em um SGA. Segundo La Rovere (2006), trata-se de um instrumento empregado pelas empresas com o objetivo de auxiliar no atendimento à política, às práticas, aos procedimentos e aos requisitos legais, além de minimizar ou anular os impactos ambientais gerados.

Quadro 6.1 – Etapas e procedimentos de uma auditoria ambiental

Etapas	Procedimentos
Pré-auditoria (Planejamento)	• Definição dos objetivos da auditoria: Trata-se de uma reunião entre o auditor e o cliente na qual são definidos alguns pontos, como unidade a ser auditada, confirmação de datas e confirmação dos recursos técnicos disponíveis. • Formação da equipe de auditores. • Coleta de informações: Discussão do escopo, revisão da auditoria anterior, estudo do processo industrial e de outros procedimentos. • Elaboração do plano de auditoria, no qual deve constar: a identificação dos tópicos prioritários, a preparação dos protocolos, o *checklist*, os guias e a alocação de recursos (humanos e materiais).

(continua)

(*Quadro 6.1 – conclusão*)

Etapas	Procedimentos
Auditoria (Trabalho de campo)	• Compreensão do SGA: Há a necessidade de reunião de abertura, inspeção de área acompanhada pelo auditado, questionário de controles, entrevistas e revisão das práticas e procedimentos. • Verificação do SGA: Averiguação das conformidades e não conformidades do SGA e dos riscos e controles inerentes. • Coleta de evidências para avaliação e verificação, além da revisão e da análise crítica das documentações e dos procedimentos. • Elaboração do relatório das evidências da auditoria.
Pós-auditoria (Conclusão)	• Preparação e distribuição da minuta do relatório. • Revisão da minuta do relatório. • Elaboração e distribuição do relatório final. • Desenvolvimento do plano de ação: devem constar propostas de ação corretiva, definição de responsabilidades pela execução do plano de ação e definição dos prazos para execução. • Acompanhamento do plano de ação.

Fonte: Adaptado de Pense Ambientalmente, 2012.

6.1.1 *Fatores colaborativos e restritivos da auditoria ambiental*

A auditoria ambiental, como ferramenta diagnóstica que é, gera, em sua aplicação, uma série de dados que, por sua vez, são evidências constatadas segundo uma lista de requisitos verificados. Esses dados podem ser classificados em: "conformidades", "não conformidades" e "sugestões de melhorias". É possível gerenciar essas categorias de dados com o objetivo de obter os seguintes benefícios:

- Fortalecimento da imagem e da marca da empresa.
- Conquista de novos mercados e diferencial competitivo.
- Controle na geração de resíduos e passivos.
- Auxílio na tomada de decisão.
- Melhora no gerenciamento de recursos.
- Prevenção de acidentes ambientais, intervindo na potencialidade e na probabilidade.
- Verificação do cumprimento da legislação, antevendo possíveis penalizações.

Na auditoria ambiental, é possível identificar, também, alguns fatores restritivos:

- Geração de custos extras.
- Interferência nos processos (principalmente no período da realização da auditoria).
- Pressão no clima organizacional.

6.1.2 *Objetivos das auditorias*

A auditoria ambiental precisa, como primeiro passo, definir os objetivos, os quais, posteriormente, serão relacionados ao escopo. Essa etapa é acertada entre o auditor líder, ou a empresa de auditoria contratada, e o seu cliente, a empresa a ser auditada. A seguir, são definidos os recursos e a equipe de auditores.

As auditorias são classificadas de acordo com suas obrigatoriedades, que podem ser voluntárias ou compulsórias. Todavia, independentemente do caso, deve ser uma investigação documentada, independente e sistemática. Essa classificação está, ainda, associada aos objetivos, que poderão ser analisados no Quadro 6.2.

Quando objetivo da auditoria é o processo de certificação de produtos ou os processos ou serviços relacionados a uma norma, ela pode ser classificada em:

- **Auditoria de primeira parte:** Corresponde às auditorias internas.
- **Auditoria de segunda parte:** Quando ocorre a avaliação dos sistemas por uma empresa independente.
- **Auditoria de terceira parte:** Realizada por uma acreditadora, com o objetivo de obter a certificação.

Quadro 6.2 – Tipos de auditoria ambiental e seus objetivos

Tipo de auditoria	Objetivos	Principais instrumentos de referência
Auditoria de certificação	Avalia a conformidade dos procedimentos utilizados pela empresa com os requisitos estabelecidos na norma aplicada em questão, objetivando a obtenção de um certificado.	• Legislação ambiental. • Normas que especificam os requisitos do SGA (ISO 14001). • Especificidades da certificação.
Auditoria de conformidade legal	Verifica o grau de conformidade com a legislação ambiental.	• Legislação ambiental. • Licenças e processos de licenciamento. • Termos de ajustamento.
Auditoria de descomissionamento	Avalia os impactos e os passivos gerados pelo encerramento de determinada atividade.	• Legislação ambiental. • Avaliação de Impacto Ambiental (AIA).
Auditoria de desempenho ambiental	Avalia o desempenho de unidades produtivas em relação à geração de poluentes e ao consumo de energia e minerais, bem como aos objetivos definidos pela organização.	• Legislação Ambiental. • Acordos voluntários subscritos. • Normas técnicas. • Normas da própria organização.
Auditoria de desperdícios e de emissões	Avalia as perdas, seus impactos ambientais e econômicos com vistas às melhorias em processos ou equipamentos específicos.	• Legislação ambiental. • Normas técnicas. • Fluxogramas e rotinas operacionais. • Códigos e práticas do setor.
Auditoria de fornecedor	Avalia os desempenhos (sobretudo em questões ambientais) de fornecedores atuais e seleciona novos. Seleciona fornecedores para projetos conjuntos.	• Legislação ambiental. • Acordos voluntários subscritos. • Normas técnicas. • Normas da própria empresa. • Demonstrativos contábeis dos fornecedores. • Licenças, certificações e premiações ambientais.

(continua)

(*Quadro 6.2 – conclusão*)

Tipo de auditoria	Objetivos	Principais instrumentos de referência
Auditoria de responsabilidade	Considera os passivos ambientais gerados pela atividade da empresa auditada. É a modalidade mais empregada em casos de fusões, aquisições ou em refinanciamento de empresas.	• Legislação ambiental. • Licenças, certificações e premiações ambientais. • Documentos e registros do SGA. • Licenças e processos de licenciamento.
Auditoria de SGA	Avalia o desempenho de um SGA, seu grau de conformidade com os requisitos da norma utilizada e se está de acordo com a política da empresa.	• Normas que especificam os requisitos do SGA (ISO 14001). • Documentos e registros do SGA. • Critérios de auditoria do SGA.
Auditoria de sítio	Considera os impactos gerados em um determinado local.	• Legislação ambiental. • Análise ambiental e geográfica.
Auditoria pontual	É empregada nos Sistemas da qualidade (SQ), com o objetivo de otimizar o sistema.	• Legislação ambiental. • Documentação do SQ. • Normas técnicas.
Auditoria pós-acidente	Verificar as causas de um acidente, identificar as responsabilidades e avaliar danos (ambientais, humanos etc.)	• Legislação ambiental e trabalhista. • Acordos voluntários subscritos. • Normas técnicas. • Plano de emergência. • Normas de organização e programas de treinamento.
Due Deligence	Verifica as responsabilidades da empresa perante acionistas, credores, fornecedores, clientes, governos etc.	• Legislação ambiental, trabalhista, societária, tributária, civil, comercial etc. • Contrato social, acordos com acionistas e empréstimos. • Títulos de propriedade e certidões negativas.

Fonte: Adaptado de Pense Ambientalmente, 2012.

6.1.3 *Escopo*

As auditorias, de forma simplificada, seguem uma metodologia como base para seus planejamentos e realizações. Contudo, algumas particularidades serão impostas pelas diferenciações estabelecidas em seus escopos, que devem seguir os seguintes critérios:

- Identificação da organização ou unidade auditada.
- Localização espacial.
- Período a ser auditado.
- Temas ambientais específicos (resíduos, efluentes, atendimento a emergências etc.).
- Objeto da auditoria: Auditoria de conformidade legal; Auditoria de sistemas de gestão ISO 14001; Código de Atuação Responsável; Auditoria de passivo ambiental; Padrões de qualidade ambiental; Auditoria de desempenho ambiental; Auditoria de encerramentos das atividades e de aquisições.

6.1.4 *Procedimentos posteriores*

Após as etapas de definição dos objetivos e do escopo, são solicitadas ao cliente informações para auxílio na construção das listas de verificação e, posteriormente, é feita uma coleta de evidências. A finalização consiste numa reunião de encerramento com a apresentação do relatório final. Os procedimentos são os seguintes:

- Critérios de auditoria:
  - políticas, práticas, procedimentos, regulamentos;
  - disponibilização de recursos;
  - recursos financeiros para pagar as despesas;
  - transporte da equipe auditora;
  - equipamentos de segurança para trânsito na área auditada;
  - material para registro das constatações e da elaboração do relatório;
  - equipamentos de comunicação, quando necessários;
  - recursos humanos.
- Seleção de equipe de auditores.
- Informações básicas para a elaboração da lista de verificação, como as seguintes:
  - razão social;
  - organograma da empresa;
  - estrutura de gestão da empresa auditada;
  - informações mercadológicas;

- planta física da unidade;
- fluxograma do processo de produção;
- registro e inventário de poluentes;
- relação de insumos utilizados;
- registro de acidentes;
- legislação, normas e regulamentos;
- exigências específicas para a unidade auditada;
- registros de treinamentos;
- relatórios de auditorias ambientais ou inspeções anteriores;

- Instrumentos:
  - questionário de pré-auditoria;
  - protocolo;
  - orientação para identificação das evidências;
  - lista de verificação (*checklist*).

Figura 6.1 – Processo de auditoria ambiental

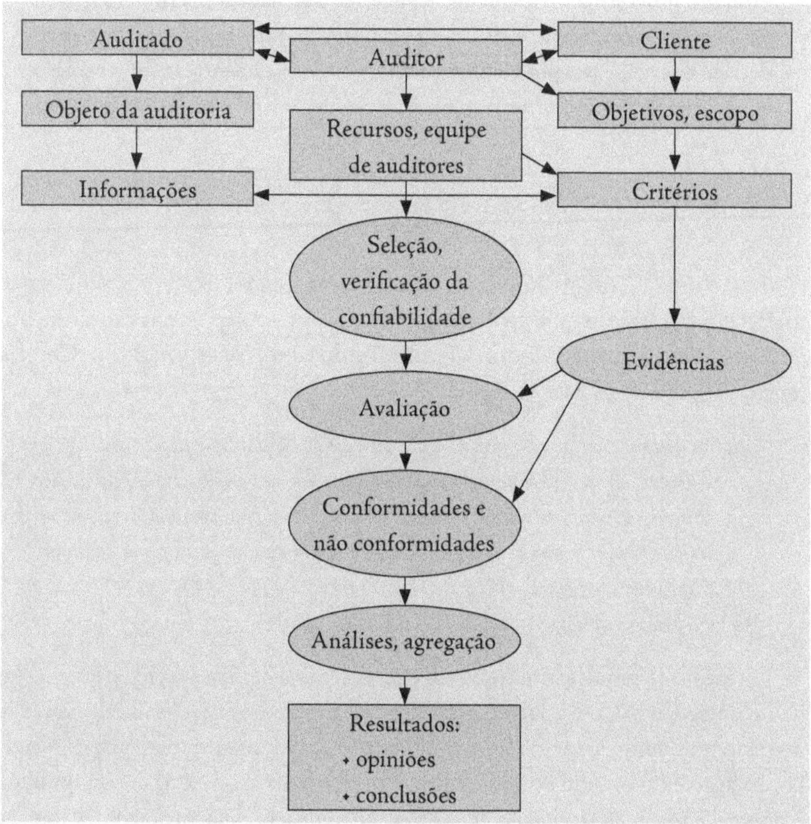

Fonte: Pense Ambientalmente, 2012.

É importante ressaltar que, no processo de auditoria, a maior parte do tempo será empregada na obtenção/coleta de evidências, pois são elas que sustentam as avaliações e conclusões da auditoria. Essas evidências podem ser obtidas por meio de entrevistas com funcionários e proprietários, observação das práticas e dos procedimentos adotados no ambiente, exame dos processos, checagem de equipamentos e análise da documentação.

Agora que você já conhece os processos, procedimentos e critérios de uma auditoria ambiental, vamos tratar da perícia ambiental.

Para saber mais

Toxicidade humana e ecotoxicidade

O termo *toxicidade* diz respeito a qualquer substância que possa ser nociva aos organismos vivos, como o veneno. A toxicidade humana, por exemplo, pode estar relacionada à potencialidade cancerígena e não cancerígena das substâncias químicas relacionadas a todo o ciclo de vida de um determinado produto, processo e/ou atividade, e pode ser calculada, portanto, com base na Avaliação do Ciclo de Vida desses produtos. Já a *ecotoxicidade* refere-se ao destino dos poluentes por bioacumulação, ou seja, o aumento da concentração química dos poluentes quando comparado aos organismos/meios não poluídos.

6.2 *Perícia*

É denominado *perícia* o exame realizado por um profissional habilitado, o qual visa averiguar, esclarecer ou apurar as causas de um fato que é motivo de processo/litígio. De acordo com Nunes, citado por Correia (2003, p. 1), uma perícia é realizada

> *a fim de concretizar uma prova ou oferecer o elemento de que necessita a Justiça para poder julgar. No crime, a perícia obedece às normas estabelecidas pelo Código de Processo Penal (arts. 158 e seguintes), devendo ser efetuada o mais breve possível, antes que desapareçam os vestígios. No cível compreende a vistoria, a avaliação, o arbitramento, obedecendo às normas e procedimentos do Código de Processo Civil, arts. 145 e 420.*

Na área ambiental, assim como em outras áreas, a perícia é regida pelo Código de Processo Civil. Contudo, por estar ligada a atividades específicas relacionadas ao meio ambiente, a perícia ambiental terá o embasamento na legislação tutelar do ambiente e, sendo assim, a prova pericial, no caso da ação civil pública, é denominada *perícia ambiental judicial*. Nesse caso, de acordo com Almeida

(2006), a perícia ambiental compreende, de forma simplificada, três elementos fundamentais:

- **Dano:** Caracteriza-se pelo prejuízo, pela perda da qualidade, pela deterioração, pela ruína ou pelo estrago ambiental.
- **Atividade lesiva:** Qualquer atividade que cause potenciais danos ao meio ambiente.
- **Nexo causal:** Indicador de fatos/atividades que causaram danos ao meio ambiente.

6.2.1 *Metodologia da perícia*

Quanto à metodologia, os principais procedimentos ocorridos no desenvolvimento de uma perícia se dão por meio dos seguintes procedimentos:

- leitura completa e criteriosa dos autos do processo;
- levantamentos preliminares (por exemplo, legislação);
- vistoria do local;
- laudo pericial;
- relatório de vistoria;
- parecer conclusivo.

Para o entendimento conceitual, podemos classificar a *perícia judicial* como sendo determinada de ofício pelo juiz, e a *perícia extrajudicial* como a realizada fora do processo, com o patrocínio de qualquer uma das partes.

6.2.2 *Perito*

No entendimento jurídico, *perito* é um auxiliar da justiça que tem a função de assessorar o juiz quando as questões tratadas necessitarem de conhecimento técnico ou científico específico para o esclarecimento dos fatos. O perito é definido pelo Instituto Brasileiro de Avaliação e Perícia de Engenharia (Ibape) como "um profissional legalmente habilitado, idôneo e especialista, convocado para realizar uma perícia" (Ibape-SP, 2011, p. 29).

O perito não poderá atuar em qualquer caso – tendo impedimento ou suspensão do juiz – quando:

- for parte interessada;
- estiver atuando como advogado das partes;
- for ligado a alguma das partes.

Dentro da atuação do perito, por razões de sua responsabilidade, suas ações dolosas ou culposas serão penalizadas. De acordo com o art. 147 do Código de Processo Civil – Lei nº 5.869, de 11 de janeiro de 1973 –, "O perito que, por dolo ou culpa, prestar informações inverídicas, responderá pelos prejuízos que causar à parte, ficará inabilitado, por 2 (dois) anos, a funcionar em outras perícias e incorrerá na sanção que a lei penal estabelecer" (Brasil, 1973). Há penalidades estabelecidas também nos arts. 342 e 359 do Código Penal – Decreto-Lei nº 2.848, de 7 de dezembro de 1940 (Brasil, 1940) –, os quais estabelecem para os peritos com ações dolosas ou culposas:

- privação do exercício da perícia;
- multas;
- comunicação à corporação profissional;
- resposta pelos prejuízos causados.

É importante ressaltar ainda que, a respeito das ações impróprias do perito, o dolo ocorrerá quando este tiver intenção de fornecer informações inverídicas, e a culpa ocorrerá quando for causada por negligência, imprudência ou imperícia.

6.2.3 *Prova pericial e laudo pericial*

De acordo com a Lei nº 5.869/1973, a **prova pericial** consiste em exame, avaliação e vistoria e é, em geral, a mais importante entre as provas usadas em um processo. Isso porque há ocasiões em que os fatos litigiosos não poderão ser resolvidos por meio de provas usuais, sendo necessária uma prova de cunho técnico, a pericial. Para obtê-la, o perito responsável poderá se valer de quaisquer meios legais para apurar o fato em questão. É importante lembrar que as provas periciais poderão ser indeferidas quando:

- o fato litigioso não depender de conhecimento especial técnico;
- forem desnecessárias em vista de outras provas produzidas;
- a sua obtenção for impraticável.

No que se refere à perícia ambiental, para Gutierres (2010, p. 29),

> *a perícia não constitui resultados absolutos, mas sim de cunho relativo, que é utilizado nas fases do processo a fim de comprovação. Porém, vale esclarecer que a perícia não constitui a única prova do processo, podendo ser utilizada consorciada a outros meios utilizados nos autos. Atualmente, o caminho mais comum para se chegar à necessidade de uma perícia de cunho ambiental é através da Ação Civil Pública (ACP). Esta é prevista e regulada pela Lei nº 7.347/1985. A literatura especializada concebe a*

ACP como processo de conhecimento, pois se desenvolve com a produção de provas sobre o fato danoso levado a juízo e termina com uma sentença do Juiz, julgando procedente ou improcedente o pedido do autor. Segundo Araújo (2008), intitula-se de Ação Civil Pública Ambiental aquela que aborda os bens tutelados constituídos pelo meio ambiente, como também os bens e direitos de valores artístico, estético, histórico, turístico e paisagístico.

Para nosso entendimento nesta obra, ressaltamos que a perícia é uma atividade desenvolvida para muitos fins, mas sua maior contribuição no que se refere à área ambiental está na probabilidade de elucidar diversos crimes ambientais por meio de uma abordagem multidisciplinar.

O **laudo pericial**, por sua vez, pode ser definido como o resultado da perícia, apresentado em um documento que contém conclusões fundamentadas, apontando os fatos, as circunstâncias, os princípios e os pareceres objetivos sobre a matéria examinada.

capítulo 7

Resíduos sólidos

Neste capítulo, vamos falar sobre Resíduos Sólidos Urbanos (RSU), abordando questões importantes não apenas para as empresas, mas para todos os seres humanos. Trataremos sobre questões que, embora aparentemente simples, não o são, e, mesmo com toda a tecnologia de que dispomos contemporaneamente, ainda são objeto de conflitos e estudos, pois nosso mundo produz cada vez mais resíduos e, paralelamente, cada vez menos capacidade de armazenamento destes.

Ressaltamos ainda que **este capítulo é complementar ao capítulo posterior** – "A política nacional e os Resíduos Sólidos Urbanos" –, pois, para podermos estudar as políticas que regem as questões dos RSU no Brasil, precisamos entender, primeiro, as questões tratadas aqui.

7.1 *O que são Resíduos Sólidos Urbanos (RSU)?*

É muito comum que as pessoas, em geral, usem o termo *resíduos sólidos* como sinônimo de *lixo*. Mas será que é isso mesmo?

De acordo com o *dicionário Houaiss* da língua portuguesa (Houaiss; Villar, 2009), a palavra *lixo* pode ser definida como "1. qualquer material sem valor ou utilidade, ou detrito oriundo de trabalhos domésticos, industriais etc. que se joga fora 2. tudo o que se retira de um lugar para deixá-lo limpo [...]". Buscando por tipos específicos de lixo, como "lixo atômico" ou "lixo radioativo", por exemplo, você poderá verificar que a classificação de lixo é, em geral, sempre a mesma – ligada a algo que não tem mais valor ou utilidade.

A definição para *resíduo*, no entanto, é a seguinte:

1. *que resta, que remanesce*
2. *aquilo que resta; resto*
3. *matéria insolúvel que se deposita num filtro*
4. *porção de cinzas ou de partículas que restam de objeto calcinado*
5. ***qualquer substância restante de operação industrial e que pode ainda ser aproveitada industrialmente** [...]*. (Houaiss; Villar, 2009, grifo nosso)

Nesse sentido, podemos perceber que *lixo* é um termo popular para designar algo de que não precisamos, que não serve ou que não queremos mais, ao passo que *resíduo* é um termo técnico usado para designar aquela substância que pode e deve ser manejada de forma correta, segregada, tratada; que deve receber uma destinação técnica adequada, em vez de ser apenas dispensada no ambiente como lixo. Ou seja, resíduo sólido e lixo não são a mesma coisa, ao menos conceitualmente. No entanto, em nosso entendimento, o lixo é o material que deve ser tratado, reaproveitado e armazenado de forma correta. É o que pode ser reaproveitado, como já citamos anteriormente: "nada se perde, tudo se transforma". **Então, como seria possível separar um termo do outro?** Sobretudo porque, temos certeza, todo tipo de lixo deve ser reutilizado e, se não houver possibilidade de reutilização (principalmente no que se trata de resíduos de serviços de saúde), deve ser manejado corretamente, de forma que não agrida o meio ambiente e, consequentemente, a população. **Então, neste estudo, não fazemos nenhuma diferenciação entre os termos *lixo* e *resíduo*,** uma vez que entendemos que ambos constituem-se de matérias descartadas após a utilização, mas que podem ser manejadas e reaproveitadas.

7.1.1 A produção de resíduos

A produção de **resíduos** está intimamente ligada ao contexto social que vem sendo vivenciado pelas populações desde que o homem deixou sua vida nômade e passou a buscar conforto, como você pôde verificar no Capítulo 1.

Foi pela busca do conforto que os primeiros núcleos estáveis, que deram origem às cidades, foram criados, afetando de várias formas o equilíbrio do ambiente natural que existia até então. Durante essa trajetória, desde que o homem se fixou à terra até a sua transformação em um ser urbano, o ambiente foi sendo transformado. O nomadismo deu lugar à sedentarização, com as comunidades passando a ocupar terras, a construir diques para armazenar água, canais de irrigação para produção de alimento etc. Outras vezes, florestas e pântanos desapareceram para dar espaço às plantações e aos rebanhos.

A formação das cidades gerou um ambiente propício ao progresso cultural e tecnológico, representando um cenário ideal para o consumo dos mais variados produtos e, consequentemente, à crescente produção de **lixo**.

Por meio da análise desse breve contexto histórico, percebemos que a questão do lixo vem sendo transformada, ao longo do tempo, por meio das mudanças nos hábitos das comunidades e do crescimento populacional da sociedade, em um dos mais graves problemas ambientais urbanos da atualidade.

A sociedade está sempre em busca de culpados ou responsáveis pelo lixo, como comerciantes, produtores de plásticos, indústrias, agricultura, prefeituras, entre outros. No entanto, na verdade, cada cidadão é responsável por isso, cada ser humano deve se reconhecer como **gerador de lixo**. Em cada local que vamos, qualquer atividade que realizamos, geramos os mais variados tipos de resíduos. Nossas atividades geram lixo, e quando esse lixo não é manejado adequadamente, são causados muitos problemas ambientais sérios, heterogêneos e complexos.

Inicialmente a água era o principal elemento da preocupação social. Com o passar do tempo o esgoto e, atualmente, os **resíduos sólidos (lixo)** apresentam-se como importante tema nas falas em torno do saneamento ambiental.

7.2 *Por que os resíduos são gerados?*

O ser humano sempre viveu em busca de uma qualidade de vida com padrões elevados. Veja bem, não devemos confundir "qualidade de vida" com "padrão de consumo", pois este mede um padrão de qualidade e quantidade de bens de serviços disponíveis, enquanto a qualidade de vida é um conjunto que mede as condições de vida, em geral, do ser humano, desde os níveis emocionais, psicológicos, físicos, até os socioeconômicos, como saúde e educação.

Monkey Business Images

Acontece que, muitas vezes, essa qualidade de vida é relacionada ao consumo/ uso indiscriminado dos recursos naturais. Porém, não percebemos que a

degradação do meio ambiente decorre dos nossos hábitos diários de consumo e da geração e disposição dos resíduos gerados por meio desses hábitos.

O Brasil produz, atualmente, cerca de 250 mil toneladas de RSU/dia, sendo que, destas, cerca de 90 mil toneladas são provenientes de origem doméstica (Sanepar, 2009). A quantidade de lixo produzido vem aumentando, então, em progressões nunca antes vistas, pois os novos padrões de consumo e, sobretudo, as novas exigências dos consumidores fazem com que muitos elementos dispensáveis sejam descartados de imediato. Um exemplo disso pode ser visto nos supermercados: para os novos padrões de consumo, os produtos são vendidos em quantidades cada vez mais fracionadas, o que demanda cada vez mais embalagens. Esse novo padrão aumenta a quantidade de produtos descartados pelo consumidor, como plástico, papel, isopor e alumínio, entre outros tipos de embalagens, incentivando o desperdício de recursos naturais e dificultando a reintegração desses produtos na natureza.

De acordo com Faria (2005), nos últimos 30 anos, o volume de lixo produzido no mundo aumentou três vezes mais do que a população. Isso ocorreu principalmente devido à proliferação de embalagens descartáveis, à cultura do consumismo e do desperdício. Segundo dados do IBGE (2000), a média da produção brasileira varia entre 1,5 a 1,7 kg/hab/dia.

7.2.1 *Saneamento ambiental*

Os RSU merecem, portanto, atenção especial no que se refere ao saneamento ambiental, pois sua gestão eficaz, tratamento e disposição estão intimamente ligados à qualidade do meio ambiente e, consequentemente, à qualidade de vida da população. Para Moraes (1999, p. 243-246), *saneamento ambiental* é o

> *Conjunto de ações que visam restituir ao meio ambiente o estado natural, através de processos que venham torná-lo habitável em razão de sua despoluição. [...] um conjunto de medidas voltadas para preservar e/ou modificar as condições do meio ambiente, buscando contribuir para prevenir doenças e promover a saúde, o bem-estar e a cidadania.*

É claro que o mau gerenciamento, ou o gerenciamento ineficaz de RSU é prejudicial à qualidade de vida das comunidades; portanto, os sistemas de gerenciamento desses resíduos devem ser previamente planejados de acordo com as condições específicas de cada local. No entanto, para que o sistema como um todo funcione, é necessário não só um bom gerenciamento de resíduos, mas, sobretudo, a participação ativa, em todas as etapas, da população local, desde a conscientização pessoal e a identificação do problema até a proposição de um plano inicial de ação. Para nós, aqui, fica claro que não há como pensar em saneamento ambiental sem considerar a gestão dos resíduos sólidos urbanos.

7.3 *O destino dos RSU no meio ambiente*

No que se refere ao destino dos RSU produzidos no Brasil, temos um panorama nada favorável e que merece, sem dúvida, atenção especial por parte dos governos. Há uma urgente necessidade de se criar mecanismos para incentivar as prefeituras, sobretudo as dos pequenos municípios, a mudarem a forma de gestão de seus RSU, principalmente porque, como vimos anteriormente, a gestão correta desses resíduos infere diretamente na qualidade de vida da população.

Como exemplo do que estamos dizendo, você pode observar o Gráfico 7.1, que apresenta dados com relação ao percentual de volume de RSU coletados por tipo de destino final. Nele, você poderá observar que, à medida que aumenta a densidade demográfica (relação entre população e território), aumenta também a quantidade *per capita* de lixo produzido; no entanto, também aumenta o percentual de municípios que destinam seus lixos a aterros sanitários. Em contrapartida, no que se trata dos municípios menores, a gestão de RSU ainda dispõe de lixões a céu aberto.

Gráfico 7.1 – Relação de volume e destinação de Resíduos Sólidos Urbanos

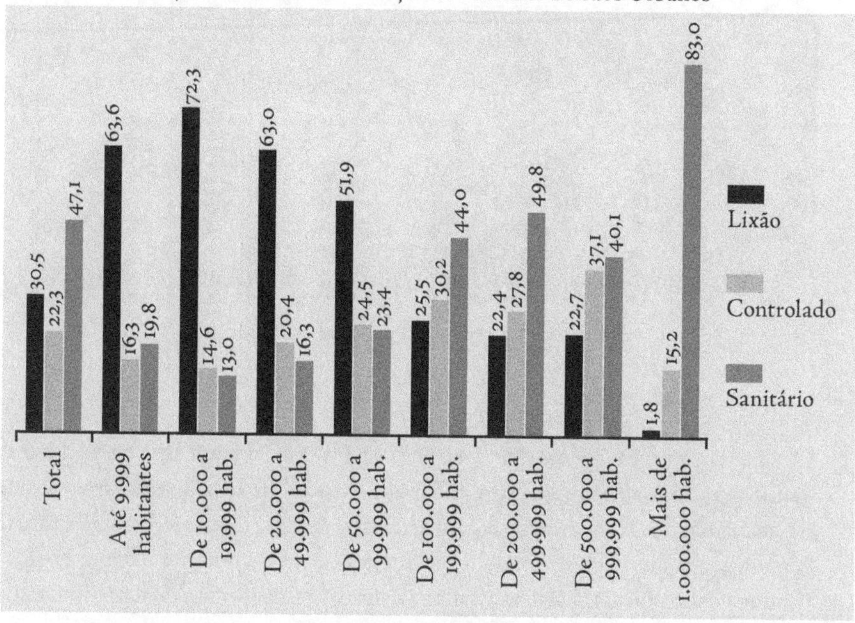
30,5
22,3
47,1
63,6
16,3
19,8
72,3
14,6
13,0
63,0
20,4
16,3
51,9
24,5
23,4
25,5
30,2
44,0
22,4
27,8
49,8
22,7
37,1
40,1
1,8
15,2
83,0
Total
Até 9.999 habitantes
De 10.000 a 19.999 hab.
De 20.000 a 49.999 hab.
De 50.000 a 99.999 hab.
De 100.000 a 199.999 hab.
De 200.000 a 499.999 hab.
De 500.000 a 999.999 hab.
Mais de 1.000.000 hab.
Lixão
Controlado
Sanitário

Fonte: IBGE, 2000.

Para saber mais

O artista plástico Vik Muniz acompanhou, durante dois anos, a rotina dos catadores de lixo do aterro sanitário Jardim Gramacho, do município de Duque de Caxias, Estado do Rio de Janeiro. A princípio, a intenção era produzir retratos – feitos com lixo – das pessoas que trabalham no local. Os retratos foram produzidos, mas, junto com eles, também surgiu o documentário "Lixo Extraordinário", que retrata a vida daqueles trabalhadores. O filme, então, ganhou conotação não apenas artística, mas também social, pois trata da arte, da questão do lixo na sociedade contemporânea e das pessoas cujas vidas giram em torno do lixo.

Reprodução

LIXO extraordinário. Direção: Lucy Walker. Brasil: O2 Filmes, 2009. 99 min.

7.3.1 *Lixão*

O lixão é um local a céu aberto no qual os resíduos são depositados sem nenhum cuidado, estudo ou infraestrutura, sendo, dessa forma, um ambiente ideal para a atração de vetores, como baratas e ratos. Além disso, a ausência de qualquer infraestrutura faz com que o depósito dos resíduos nesses locais ocasione a contaminação do solo, do ar e do lençol freático,

tornando-se uma situação inaceitável em termos ambientais e de saúde pública (Blümel, 2008).

Marcello Casal Jr./Abr

Para Böck e Buss (2002), além de problemas puramente sanitários, os lixões também são problemas sociais graves, pois a atividade de "catador", desenvolvida nesses locais, tornou-se uma realidade preocupante de muitos municípios brasileiros, uma vez que é vista como meio de sobrevivência de muitas pessoas, que vivem em condições sub-humanas.

7.3.2 *Aterro sanitário*

O aterro sanitário consiste num local destinado à disposição final dos resíduos sólidos, sejam eles de origem doméstica, comercial, industrial etc. A disposição desses materiais é feita por meio de intercalações de camadas inertes, possibilitando o tratamento adequado dos resíduos depositados no local.

São necessárias obras com infraestrutura para receber os resíduos, as quais requerem um projeto específico de engenharia sanitária e ambiental, exigindo um investimento inicial relativamente elevado. Isso porque um aterro sanitário deve conter:

- Um sistema de drenagem de afluentes líquidos (chorume), a fim de evitar a contaminação de lençóis freáticos.

- Um sistema de drenagem de gases, que podem ser reaproveitados (biogás) ou queimados.
- Um sistema de filtração de águas pluviais, a fim de evitar que a água da chuva penetre no interior do aterro.
- Um sistema eficaz de monitoramento ambiental.

GNU Free Documentation License

Além disso, a seleção de uma área para implantação de um aterro sanitário deve atender, no mínimo, aos critérios técnicos impostos pelas normas da ABNT e pelas legislações federal, estadual e municipal.

Existem pelo menos três tipos de aterros sanitários, quais sejam:

- **Aterro controlado:** São antigos lixões que se diferenciam por cobrir o lixo com material inerte ou terra. Não contam com áreas impermeabilizadas e trazem, portanto, danos ambientais.
- **Aterro sanitário convencional:** Segue as normas de projeto e operação da ABNT, possui projeto de controle e impacto ambiental e é monitorado constantemente.
- **Aterro sanitário com Mecanismo de Desenvolvimento Limpo (MDL):** São aterros que se diferenciam dos convencionais pela captura e utilização do gás para produção de energia e geração de créditos de carbono.

Figura 7.1 – Esquema do aterro sanitário

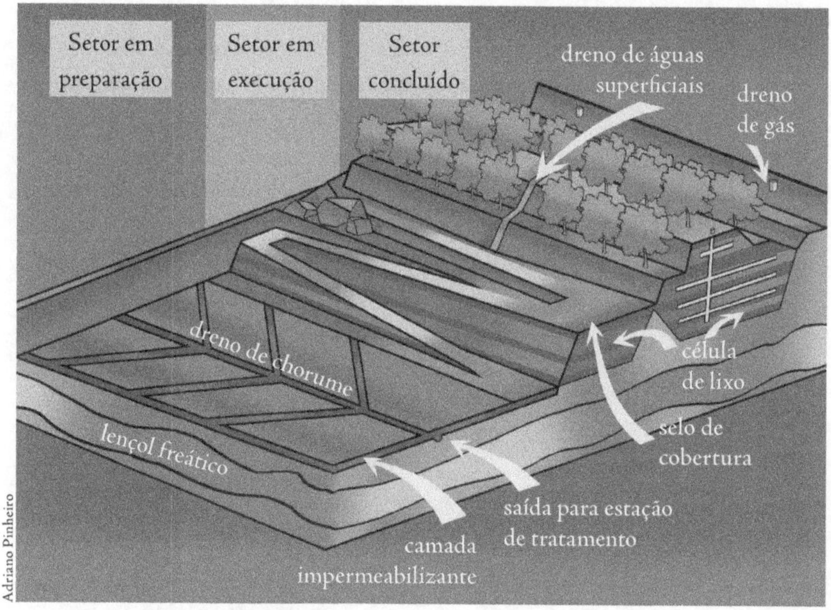

7.4 *Classificação e tratamento de RSU*

A classificação dos RSU é um importante instrumento de gestão que serve como base para a escolha das melhores soluções técnicas e economicamente viáveis para o tratamento e destinação final dos resíduos (Mascarenhas, 2001). Tem como objetivo destacar a composição dos resíduos segundo as suas características biológicas, físicas e químicas, o estado da matéria e a sua origem para que, assim, seja possível fazer o seu manejo seguro (Ribeiro, 2001). Essa classificação, em geral, envolve os seguintes fatores:

- identificação do processo ou atividade de origem;
- constituintes;
- características gerais;
- comparação dos constituintes com substâncias de impacto.

Existe ainda a possibilidade de classificação dos RSU dentro das seguintes classes distintas (ABNT, 2004):

- **Classe I ou Resíduos perigosos**: São aqueles que, em função das suas características intrínsecas de inflamabilidade, corrosividade, reatividade, toxicidade e patogenicidade, apresentam riscos à saúde pública por meio do aumento da mortalidade ou da morbidade, ou ainda provocam efeitos adversos ao meio ambiente quando manuseados ou dispostos de forma inadequada, exigindo, assim, tratamento e disposição especiais.

- **Classe II ou Resíduos não inertes:** São aqueles que não apresentam alta periculosidade, porém não são inertes. Podem apresentar propriedades como combustibilidade, biodegradabilidade ou solubilidade em água, com possibilidade de acarretar riscos à saúde ou ao meio ambiente.
- **Classe III ou Resíduos inertes:** São resíduos que, por suas características intrínsecas, não oferecem risco à saúde ou ao meio ambiente e, quando amostrados de forma representativa e submetidos a um contato estático ou dinâmico com água destilada ou deionizada, à temperatura ambiente, não têm nenhuma de suas substâncias solubilizadas em concentrações maiores que aquelas apresentadas nas normas de potabilidade da água, excetuando-se os padrões de aspecto, cor, turbidez e sabor.

7.4.1 Outras classificações

A classificação da ABNT (2004) está baseada, principalmente, nos constituintes e características químicas, físicas e biológicas dos resíduos. Porém, estes podem ser classificados também de acordo com a sua origem. Nesse caso, existem basicamente os seguintes tipos de resíduos:

- **Resíduo domiciliar:** É aquele originado da vida diária das residências, constituído de restos de alimentos, embalagens diversas, varreduras, folhagens e outros materiais descartados pela população. É importante lembrar que aqui podem ser encontrados alguns tipos de resíduos tóxicos.
- **Resíduo comercial:** São aqueles procedentes dos diversos estabelecimentos comerciais, como escritórios, lojas, supermercados, lanchonetes, restaurantes, entre outros. Os resíduos comerciais podem ser coletados juntamente com os domiciliares pela prefeitura, porém, dependendo da quantidade gerada, o estabelecimento comercial pode ser classificado como um grande gerador e, nesse caso, receber um tratamento diferenciado.
- **Resíduo hospitalar:** Para Sisinno e Moreira (2005),

> *Os Resíduos de Serviços de Saúde, também chamados de resíduos hospitalares, são todos aqueles gerados nos serviços relacionados com o atendimento à saúde humana ou animal, laboratórios analíticos e produtos para saúde, necrotérios, funerárias e serviços onde se realizem atividades de embalsamamento, serviços de medicina legal, drogarias e farmácias, inclusive as de manipulação, estabelecimentos de ensino e pesquisa na área de saúde,*

centro de controle de zoonoses, distribuidores de produtos farmacêuticos, unidades móveis de atendimento à saúde, serviço de acupuntura, serviços de tatuagem, dentre outros similares.

- **Resíduos industriais:** São aqueles procedentes das diversas áreas do setor industrial, como metalúrgica, química, petroquímica, alimentícia, entre outras, e apresenta constituição muito variada, podendo conter diversos contaminantes prejudiciais, como metais pesados, óleos, graxas, componentes químicos e outras substâncias tóxicas.
- **Resíduos de coleta de varrição:** São aqueles procedentes de varrições das ruas, limpeza de feiras, podas de árvores, limpeza de jardins etc.

É importante lembrar que, por meio da correta classificação e caracterização dos resíduos, pode-se iniciar o planejamento da coleta seletiva.

7.5 Coleta seletiva

A coleta seletiva é um instrumento que visa à separação de materiais recicláveis e à destinação destes para a reciclagem e/ou compostagem (Costa et al., 2004). É um sistema que recolhe o material potencialmente reciclável, que foi previamente separado pelo gerador por meio de uma ação conjunta entre inúmeros atores. O principal objetivo da coleta seletiva é o encaminhamento desses materiais para indústrias de reciclagem, o que evita a disposição de resíduos em lixões ou aterros sanitários (Paraná, 2005a) e, consequentemente, diminui os impactos ambientais, prolongando a vida útil desses aterros (Silva, 2007).

A realização da coleta seletiva pode ocorrer de diferentes formas, dependendo da estrutura local ou da determinação do governo local, conforme descrito por Schio (2003):

- **Coleta seletiva domiciliar:** Quando um veículo percorre um trajeto similar ao da coleta de lixo comum, recolhendo em cada ponto de geração os materiais previamente separados pela população.
- **Pontos de Entrega Voluntária (PEV):** Locais ou recipientes que apresentam condições de receber e armazenar os materiais separados e levados pela população. Pode haver ou não distribuição de recipientes para o acondicionamento de recicláveis, bem como pode haver ou não pagamento ou permuta pelos materiais. Os PEV devem ser identificados por meio de cores e símbolos, conforme padrão internacional (Resolução Conama nº 275, de 25 de abril de 2001 – Brasil, 2001).

- **Catadores:** Atividade conhecida como *coleta informal*, na qual carrinheiros ou catadores percorrem a cidade porta a porta, separando os materiais potencialmente recicláveis.

Figura 7.2 – Código de cores para coleta seletiva

Azul	Papel/papelão
Vermelho	Plástico
Verde	Vidro
Amarelo	Metal
Laranja	Resíduos perigosos
Branco	Resíduos ambulatoriais e de serviços de saúde
Roxo	Resíduos radiativos
Marrom	Resíduos orgânicos
Preto	Madeira
Cinza	Resíduo geral não reciclável ou misturado ou contaminado não passível de separação

7.5.1 *Implantação da coleta seletiva*

O primeiro passo para a implantação da coleta seletiva em qualquer região é garantir o conhecimento e a sensibilização da comunidade, pois, para que a coleta ocorra de forma eficaz, a população deve aderir ao programa, assumindo uma postura participativa e consciente da importância de cada indivíduo. É importante ressaltar que, sem essa conscientização, com a prévia exposição de problemas já existentes e benefícios que podem ser alcançados, nenhum outro passo será realmente eficaz.

As etapas seguintes são:

- **Grupos de trabalho/coordenação:** Formação de grupos de trabalho para coordenar e colocar em prática o programa. Esses grupos podem contar com a participação de representantes do governo e da comunidade local, além de técnicos capacitados.

- **Visita técnica:** Antes da implantação do programa de coleta seletiva em um determinado local, é importante conhecer diferentes experiências em outras organizações ou municípios que já tenham implantado processo semelhante.
- **Diagnóstico participativo:** Para que o programa de coleta seletiva possa ser implantado, é fundamental fazer um diagnóstico participativo da situação local. Por meio desse diagnóstico, é possível planejar ações de conscientização da população e dimensionar o plano de gestão.
- **Registro da situação atual:** O diagnóstico participativo deve ser complementado com o registro da situação atual do local, que é feito, principalmente, por meio do levantamento dos problemas apresentados pela disposição dos resíduos (fotos, vídeos, entrevistas, depoimentos etc.).

7.6 *Reciclagem*

Segundo Grippi (2001), a reciclagem é o resultado de uma série de atividades, por meio das quais materiais que se tornariam lixo, ou estão no lixo, são desviados, separados e processados para serem utilizados como matéria-prima na manufatura de novos produtos, feitos anteriormente apenas com matéria-prima virgem.

Para Duston (1993, citado por Calderoni, 2003, p. 95), *reciclagem* é o "Processo através do qual qualquer produto ou material que tenha servido para os propósitos a que se destinava e que tenha sido separado do lixo é reintroduzido no processo em um novo produto, seja igual ou semelhante ao anterior, seja assumindo características diversas das iniciais". Por fim, Powelson e Powelson (1992, p. 9-10), classificam o processo como a "Conversão [do lixo] em outros materiais úteis os quais, do contrário, seriam destinados à disposição final".

É importante lembrar que a reciclagem em si não contribui para a redução dos problemas ambientais. Seu papel, nesse contexto, está em reduzir a poluição, diminuindo a quantidade de lixo disposto em aterros e reaproveitando materiais que antes eram jogados fora. Outra vantagem está em reduzir a pressão por mais matérias-primas. O reaproveitamento, a purificação e a reconstituição de alguns materiais usados, que antes poderiam ser considerados impróprios para uso, transformam estes em matéria-prima pronta para a indústria, poupando recursos a serem retirados da natureza (Cempre, 2000).

Os principais materiais a serem reciclados são papéis, plásticos, vidros, metais e matéria orgânica.

7.6.1 *Reciclagem do papel*

Embora muitos materiais possam ser empregados na fabricação de papel, a matéria-prima mais utilizada nesse processo é a madeira, que passa por processos químicos e/ou mecânicos, com adição ou não de aparas (pedaços), até a sua transformação em pasta celulósica.

Figura 7.3 – Produção simplificada do papel

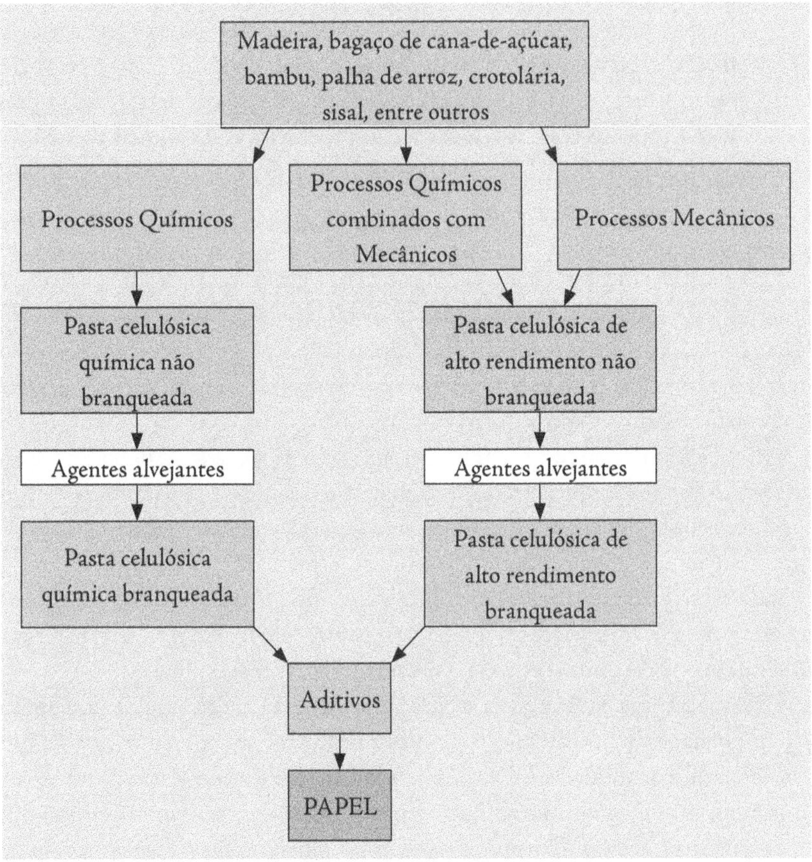

Fonte: Paraná, 2005a.

De acordo com Faria (2009):

> *O **processo de reciclagem do papel** é basicamente o seguinte: as aparas adquiridas pelas indústrias são trituradas em uma espécie de liquidificador*

gigante com água para que suas fibras sejam separadas. Depois, um processo de centrifugação irá separar algumas impurezas como areia, grampos etc. Em seguida, são acrescentados produtos químicos para retirar a tinta e clarear o papel. Após o clareamento, sobrará uma pasta de celulose que pode receber o acréscimo de celulose virgem dependendo da qualidade do papel que se quer produzir. Esta pasta é que será prensada e seca em diferentes equipamentos para formar o papel pronto para consumo.

O preço do papel de escritório reciclado costuma ser maior que o do papel novo devido ao fato de que a demanda ainda é maior que a procura, pois são poucas as indústrias que estão preparadas para produzi-lo. Por isso, o melhor mesmo é reduzir o consumo. Medidas simples como imprimir nos dois lados da folha, aproveitar o papel usado como rascunho e só imprimir o que for realmente necessário ajudam e são ainda mais eficazes na redução dos impactos ambientais. E aí sim, o que não for possível reutilizar deve ser encaminhado para a reciclagem. [grifo do original]

Figura 7.4 – Produção de papel reciclado

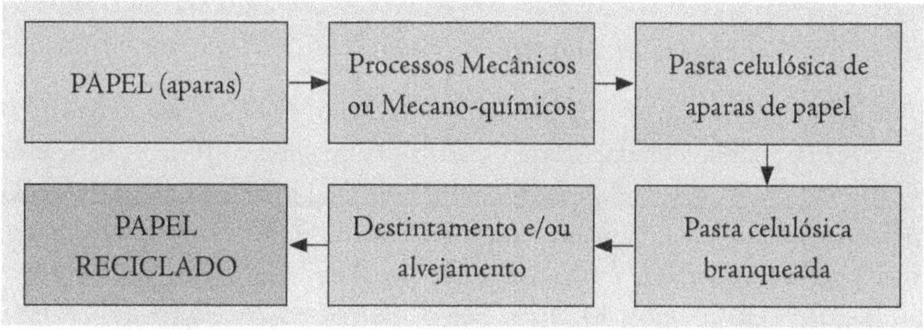

Fonte: Paraná, 2005a.

Você pode verificar, no Gráfico 7.2, que o papel é o tipo de material potencialmente reciclável encontrado em maior quantidade na coleta seletiva (em peso), em média, nas cidades brasileiras.

Gráfico 7.2 – Materiais recicláveis encontrados na coleta seletiva

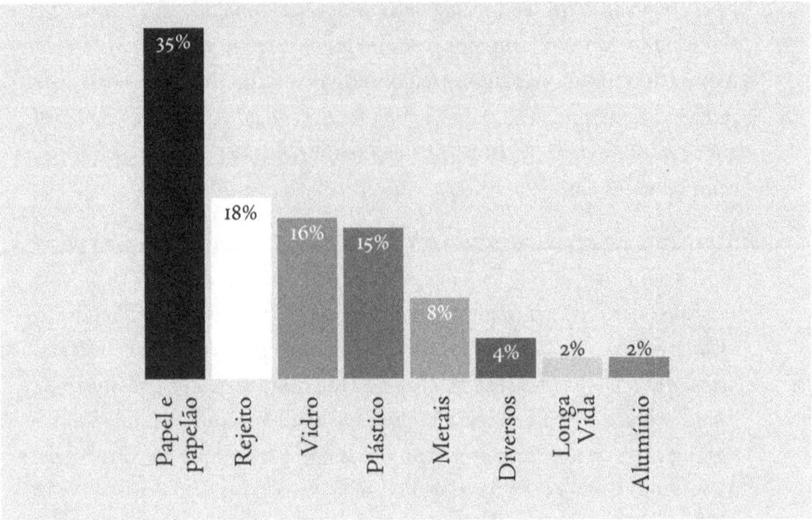

Fonte: Cempre, 2000.

7.6.2 *Reciclagem de plásticos*

Os plásticos são formados por materiais macromoleculares que podem ser moldados por ação de calor ou pressão (Cangemi; Santos; Claro Neto, 2005) e são produzidos por meio de um processo químico chamado *polimerização*. A matéria-prima para fabricação dos plásticos é o petróleo, formado por uma complexa mistura de compostos.

Segundo Garcia (1998), há, basicamente, três tipos de reciclagem de plásticos:

1. **Química:** O plástico é despolimerizado, obtendo-se como resultado os monômeros originais que podem ser purificados e, então, novamente polimerizados para a fabricação de novos plásticos.
2. **Mecânica:** Consiste em submeter o plástico a mais um ciclo térmico, o que permite moldá-lo em uma forma diferente da original. A reciclagem mecânica pode utilizar aparas industriais ou material pós-consumo.
3. **Energética:** Na reciclagem energética, o plástico é incinerado e a energia liberada é utilizada pela sociedade. Dessa forma, é utilizado como combustível na geração de energia ou recuperação da energia contida nos plásticos por meio de processos térmicos.

7.6.3 *Reciclagem do metal*

Os metais são extraídos da natureza em forma de minérios, sendo essenciais para o dia a dia do homem, pois a fabricação de uma enorme variedade de materiais depende do metal. Os mais utilizados são o alumínio (em latas), o cobre (nos cabos de telefone), o chumbo (em baterias de automóveis), o zinco (em telhas), o ferro e o aço (em automóveis e construções).

Os metais são, geralmente, divididos em dois grandes grupos:

1. **Ferrosos:** Em que se inserem o ferro e o aço.
2. **Não ferrosos:** Em que está incluído o alumínio e outros metais (Ceia, citado por Patrício, 2007).

A reciclagem dos metais costuma acontecer, sobretudo, como fonte secundária da obtenção desse material, o que proporciona uma enorme economia de energia em comparação com o custo do metal beneficiado por meio da extração do minério. A fusão dos resíduos de metal é feita, normalmente, para obtenção de peças metálicas, como chapas, vigotes, barras e outros.

Diferente da reciclagem de papel, que perde qualidade das fibras, a reciclagem do metal é um processo que pode se repetir indefinidamente, o que representa uma grande vantagem. A dificuldade, por outro lado, está na obtenção desse metal que, em muitos casos, é descartado no lixo comum. Em casos de metais ferrosos, por exemplo, podem ser utilizados processos magnéticos para a separação de resíduos metálicos de outros. Contudo, para metais como alumínio, a obtenção depende do interesse dos catadores e das campanhas de separação.

Figura 7.5 – Relação quantidade de metal produzido e recuperado no Brasil

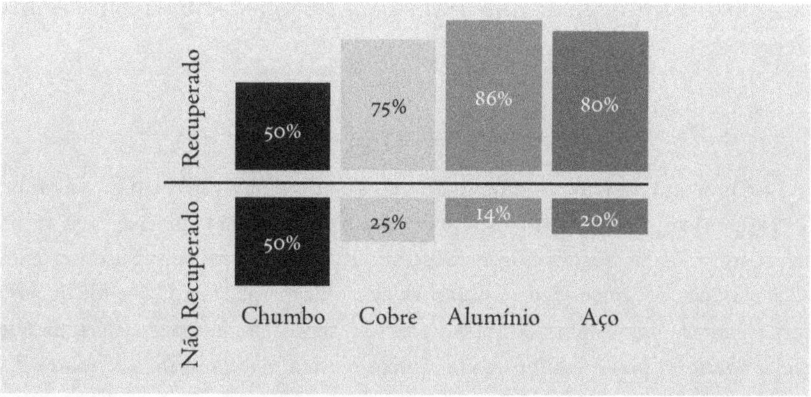

Fonte: Paraná, 2005b.

Os metais têm um tempo de decomposição muito longo. O aço, por exemplo, demora mais de 100 anos para ser reabsorvido pela natureza, enquanto o alumínio demora entre 200 e 500 anos. Dessa forma, é essencial reciclar esses materiais de modo a reduzir os impactos ambientais (Ceia, citado por Patrício, 2007).

7.6.4 *Reciclagem do vidro*

O vidro, que tem como matéria-prima a areia, consiste num material inorgânico, amorfo e fisicamente homogêneo, obtido por resfriamento de uma massa em fusão que endurece sem cristalizar (Martins; Pinto, 2004).

Figura 7.6 – Percentual de reciclagem sobre a produção de vidro

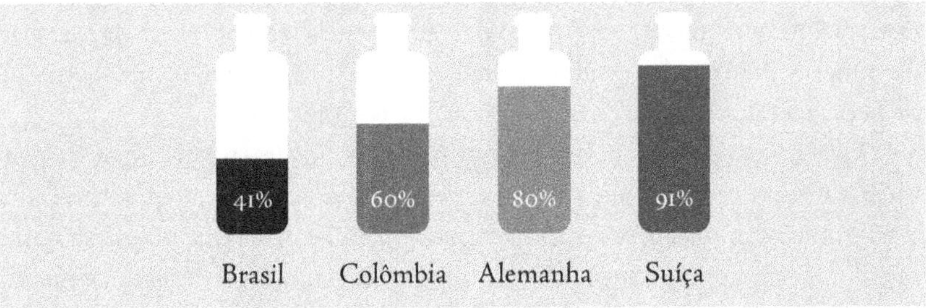

Fonte: Cempre, 2000.

O vidro é 100% reciclável e não há perda de qualidade ou pureza do produto no processo de reciclagem, ou seja, uma garrafa de vidro gera outra exatamente igual, independente do número de vezes que o caco de vidro vai ao forno para ser reciclado.

7.6.5 *Reciclagem da matéria orgânica (compostagem)*

A compostagem é um processo controlado de decomposição microbiana, de oxidação e oxigenação de uma massa heterogênea de matéria orgânica. Nesse processo, ocorre uma aceleração da decomposição aeróbica dos resíduos orgânicos por populações microbianas nas condições ideais para que os micro-organismos decompositores se desenvolvam (temperatura, umidade, aeração, pH, tipo de compostos orgânicos existentes e tipos de nutrientes disponíveis), pois estes utilizam essa matéria orgânica como alimento. O processo é caracterizado por fatores de estabilização e maturação que variam de poucos dias a várias semanas, dependendo do ambiente (Oliveira; Lima; Cajazeira, 2004).

Figura 7.7 – Ciclo da matéria orgânica

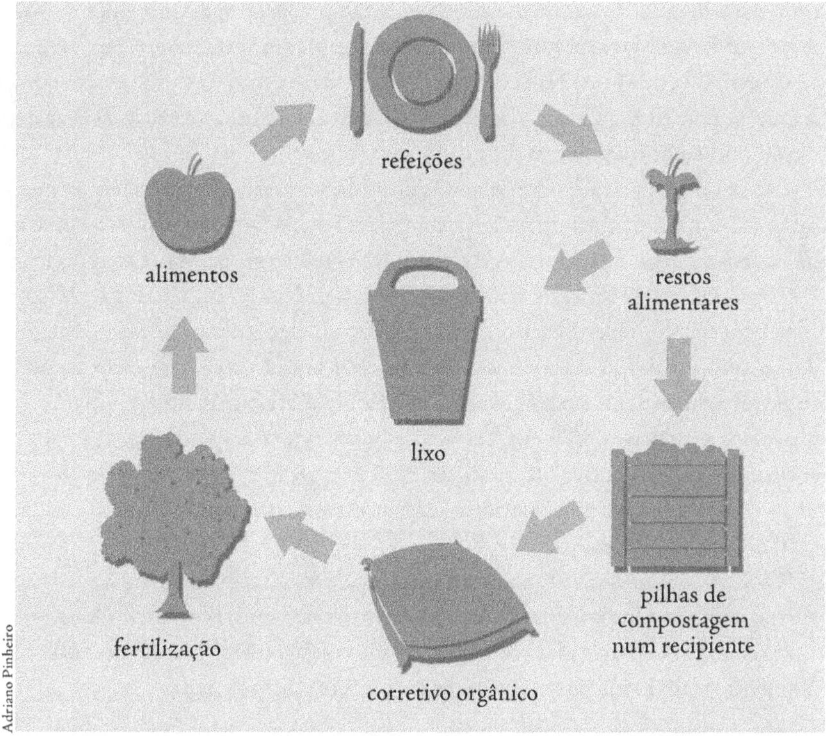

É importante lembrar que a composição percentual média do lixo domiciliar brasileiro varia de 52% a 60% de matéria orgânica, sendo assim, reciclá-la é muito importante.

7.7 Os RSU e a degradação ambiental

É impossível negar que a convivência dos padrões modernos de sociedade com os problemas decorrentes da poluição, dos desastres e dos danos ambientais, sobretudo nos ambientes urbanos, foi e é subjugada. Negligenciados por muitas décadas, os problemas relacionados aos RSU tornaram-se agudos e se transformaram em grandes desafios para a humanidade.

> É preciso que os governos abordem a questão dos RSU sob uma concepção preventiva acerca dos problemas ligados à poluição e à degradação ambiental.

É do poder municipal a responsabilidade, desde a coleta até a disposição final, dos RSU. Porém, é na fase de geração que se podem adotar medidas eficientes de redução dos impactos ao meio ambiente (Mucelin, 2000), as quais precisam ter a participação da sociedade. Cada cidadão precisa estar consciente da sua responsabilidade nesse processo, principalmente quanto às mudanças nos hábitos de consumo, o que pode refletir na diminuição da geração dos resíduos, e, num segundo momento, por meio da separação e do encaminhamento à reciclagem, diminuindo a porção de lixo destinada aos aterros.

No entanto, para a mudança nos hábitos da sociedade, é necessária, primeiramente, uma mudança na visão que a própria sociedade tem sobre o que é o lixo, além de uma mudança na gestão dos RSU realizada pelos órgãos públicos.

É preciso, nesse sentido, que os governos abordem a questão dos RSU sob uma concepção preventiva acerca dos problemas ligados à poluição e à degradação ambiental. Ou seja, é necessário investir em projetos, legislações e políticas públicas pensadas para envolver, entre outros atributos, novos projetos de processos produtivos, de bens, serviços e pós-serviços disponibilizados para a sociedade, com incentivo, primeiramente, à não geração e à redução do desperdício no consumo, para, posteriormente, investir na destinação e na disposição final dos resíduos gerados.

Os RSU devem ser vistos como uma fonte de matéria-prima e energia, e não apenas como produtos não utilizáveis a serem descartados. Nesse sentido, talvez o principal passo para o alcance desses objetivos seja o investimento na educação ambiental trabalhada em todos os meios e setores da sociedade.

Portanto, aplicada nas escolas, comunidades, associações, condomínios, meios de comunicação, entre outros, e utilizando o contexto local para a aprendizagem de conceitos e responsabilidades ambientais, a educação ambiental pode ser a solução para muitos dos problemas que nossa sociedade tem hoje.

É preciso, assim, utilizar a educação ambiental como ferramenta para atuar sobre os agentes produtores dos resíduos na comunidade. As intervenções, focadas nas ações humanas, por meio de atividades de discussão, conscientização, identificação de problemas, proposição de soluções e mobilização, visam conseguir, a longo prazo, uma mudança de atitude por parte da sociedade, para a melhoria da qualidade ambiental local, refletida na preservação do meio ambiente de todo o planeta.

capítulo 8

A política nacional e os Resíduos Sólidos Urbanos (RSU)

Nas políticas ambientais de diversos países, no que se trata de gestão de Resíduos Sólidos Urbanos (RSU), predominam dois grandes atores distintos: o setor público e o setor privado.

Como ponto de partida, decisões políticas e de planejamento são tomadas pelos gestores públicos, apoiadas nos aparatos legais e normativos, visando identificar problemas ambientais ocasionados em função da disposição inadequada dos RSU e seus diversos componentes. Em seguida, são tomadas medidas de controle, visando induzir às melhores práticas por parte dos diferentes atores econômicos, no que tange à prevenção dessa poluição e dos danos ambientais causados por ela.

Esses atores da economia, representados pelas grandes organizações produtivas, indústrias, hospitais, comerciantes etc., denominados também de *grandes geradores*, procuram atender as normas governamentais estabelecidas sem deixar, contudo, de atender também às demandas do mercado consumidor, dando um sentido econômico à variável ambiental. Essa, em resumo, é a estratégia que vem sendo privilegiada pelos gestores públicos que lidam com a política ambiental e com a gestão ambiental.

Vamos deixar isso mais claro: após a década de 1950, o lixo, que era visto como algo meramente sujo, desprezível e problemático, passou a ser sinônimo de energia. Processos de reciclagem passaram a ser desenvolvidos para economizar energia, água e matéria-prima e reduzir o lixo e, consequentemente, a poluição (Schio, 2003).

No plano internacional, como vimos nos capítulos anteriores, os países europeus, envolvendo associações entre governos e indústria, além de acordos internacionais, particularmente no âmbito da ONU, saíram na frente no tocante à definição de novas políticas para proteção do meio ambiente. Integram essas políticas as normas e sistemas de rotulagem ambiental, a avaliação do ciclo de vida de produtos (ACV), a regulamentação compulsória, os acordos e os códigos voluntários de ética ambiental.

Dentre as políticas mencionadas, uma das que mais tem se disseminado é a do uso das normas técnicas, já vistas anteriormente, que são resultantes da união entre acordos voluntários e, principalmente, das razões mercadológicas para sua proposição e adoção. O segmento empresarial aprendeu a lógica da política de normalização, em parte porque atende aos interesses dos gestores públicos e, em outra, por poder transformá-la, de imediato, numa oportunidade de negócio, dando sentido econômico à variável ambiental. As emissões e rejeitos industriais gerados nos processos produtivos, assim como o lixo derivado das atividades domésticas e hospitalares – com o apoio, por exemplo, das inovações tecnológicas de processos, da gestão administrativa e de *marketing* –, vêm sendo transformados em bens e serviços passíveis de agregação de valor aos negócios e, consequentemente, **de geração de lucros para as organizações.**

Entre os anos de 1950 e 1960, os Estados Unidos foram pioneiros em programas de reciclagem. No Brasil, no entanto, as primeiras experiências ocorreram por volta de 1985. Apesar disso, apenas há cerca de dez anos as políticas públicas para o setor de saneamento começaram a contemplar os RSU; e, ainda assim, muitos municípios ainda tratam seus resíduos de maneira imprópria, uma vez que muitos órgãos públicos ainda não desenvolveram procedimentos adequados para a gestão de RSU (Schio, 2003).

> *Em São Paulo, a CETESB vem promovendo, ao longo de sua história, diversos levantamentos da situação Estadual no que se refere aos serviços de limpeza urbana e destinação final de resíduos. A maioria desses levantamentos teve abrangência regional, visando subsidiar ações governamentais ou ao planejamento do controle da poluição. Em 1997, foi realizado um inventário Estadual das condições dos locais utilizados para destinação final de resíduos, considerado pioneiro devido ao instrumento de avaliação utilizado. Nesse inventário, todas as instalações de destinação final de resíduos em operação no Estado foram inspecionadas pelos técnicos e aplicado um formulário padronizado, composto por 41 itens com informações sobre as principais características locais, estruturais e operacionais de cada instalação. Essas informações reunidas compuseram o* ***Índice de Qualidade de Aterro de Resíduos (IQR)*** *e o* ***Índice de Qualidade de Usinas de Compostagem (IQC)****. Os critérios utilizados para compor os índices avaliaram as instalações em uma pontuação de 0 a 10.* (Abetre, 2003, p. 90-97, grifo nosso)

Tabela 8.1 – Enquadramento das instalações de destinação final de lixo em função dos valores de IQR e IQC

IQR/IQC	Enquadramento
0,0 ≤ IQR ≤ 6,0	Condições inadequadas
6,0 < IQR ≤ 8,0	Condições controladas
8,0 < IQR ≤ 10,0	Condições adequadas

Fonte: Abetre, 2003.

Para realizar a destinação final dos RSU, a utilização do inventário constituiu-se elemento indispensável para que pudessem ser avaliadas as condições da situação ambiental do Estado de São Paulo. Ou seja, no exemplo que vimos, é possível observarmos que, para definir um conjunto de ações que visem ao manejo adequado dos resíduos, é necessário que as prefeituras, inicialmente, levantem alguns dados fundamentais, como o índice de produção *per capita* de resíduos, que varia em função: do porte do município; do tipo de atividade produtiva predominante; do nível socioeconômico e cultural da população; da existência ou não de programas de coleta seletiva e de conscientização voltados à redução na geração de resíduos. Essas informações servirão de base para que possa ser elaborado um adequado plano de manejo de resíduos.

Ainda seguindo nosso exemplo, um estudo realizado em municípios paulistas mostrou que a produção de resíduos *per capita* aumenta de acordo com o aumento do porte do município, conforme apresentado na Tabela 8.2.

Tabela 8.2 – Valores *per capita* de produção de resíduos sólidos domiciliares em função da população urbana

População (mil hab.)	Produção de lixo (kg/hab/dia)
Até 100	0,4
100 a 200	0,5
200 a 500	0,6
Maior que 500	0,7

Fonte: Abetre, 2003.

Segundo dados do IBGE (2000), 63,6% dos municípios brasileiros depositam seu lixo em lixões e, portanto, a base de qualquer política ou programa de gerenciamento de RSU deve ter o objetivo de minimizar a geração ou intensificar o reaproveitamento desses resíduos.

8.1 Legislação brasileira sobre a geração de RSU

É muito importante, para compreendermos a gestão de RSU e, consequentemente, a gestão ambiental como um todo, estudarmos as legislações que incidem sobre os fatores estudados. Observe que, nos capítulos anteriores, tratamos, ainda que superficialmente, das legislações que incidem sobre o meio ambiente em geral. Agora, trataremos, de forma específica, sobre as legislações de gestão de resíduos. É importante ressaltar que não pretendemos tratar a fundo essas leis, mas sim fazer com que você, leitor, compreenda essa legislação e, sobretudo, saiba onde deve realizar novas pesquisas.

8.1.1 Constituição Federal (Brasil, 1988a)

A Constituição Federal determina que é de competência comum da União, dos Estados, do Distrito Federal e dos Municípios proteger o meio ambiente e combater a poluição em qualquer de suas formas. É atribuição municipal legislar sobre assuntos de interesse local, especialmente quanto à organização dos seus serviços públicos, como é o caso da limpeza urbana (Juras, 2000).

8.1.2 Lei nº 6.938, de 31 de agosto de 1981 (Brasil, 1981b)

Esta lei dispõe que a Política Nacional do Meio Ambiente, entre outros objetivos, visa impor ao poluidor a obrigação de recuperar e/ou indenizar os danos causados. O princípio poluidor-pagador é aquele que impõe ao poluidor o dever de arcar com as despesas de prevenção, reparação e repressão da poluição, ou seja, estabelece que o causador da poluição e da degradação dos recursos naturais deve ser o responsável principal pelas consequências de sua ação ou omissão (Vasconcelos; Benjamin, 2009).

8.1.3 Lei nº 11.445, de 5 de janeiro de 2007 (Brasil, 2007a)

Estabelece as obrigatoriedades e atribuições no que diz respeito à gestão dos RSU. Os principais pontos, no que se trata desta lei, são os seguintes:

> *Art. 2º Os serviços públicos de saneamento básico serão prestados com base nos seguintes princípios fundamentais:*
>
> *[...]*
>
> *II – integralidade, compreendida como o conjunto de todas as atividades e componentes de cada um dos diversos serviços de saneamento*

básico, propiciando à população o acesso na conformidade de suas necessidades e maximizando a eficácia das ações e resultados;

III – abastecimento de água, esgotamento sanitário, limpeza urbana e manejo dos resíduos sólidos realizados de formas adequadas à saúde pública e à proteção do meio ambiente;

[...]

V – adoção de métodos, técnicas e processos que considerem as peculiaridades locais e regionais;

Art. 3º Para os efeitos desta Lei, considera-se:

I – saneamento básico: conjunto de serviços, infraestruturas e instalações operacionais de:

[...]

c) limpeza urbana e manejo de resíduos sólidos: conjunto de atividades, infraestruturas e instalações operacionais de coleta, transporte, transbordo, tratamento e destino final do lixo doméstico e do lixo originário da varrição e limpeza de logradouros e vias públicas;

Art. 6º O lixo originário de atividades comerciais, industriais e de serviços cuja responsabilidade pelo manejo não seja atribuída ao gerador pode, por decisão do poder público, ser considerado resíduo sólido urbano.

Art. 7º Para os efeitos desta Lei, o serviço público de limpeza urbana e de manejo de resíduos sólidos urbanos é composto pelas seguintes atividades:

I – de coleta, transbordo e transporte dos resíduos relacionados na alínea c do inciso I do caput do art. 3º desta Lei;

II – de triagem para fins de reuso ou reciclagem, de tratamento, inclusive por compostagem, e de disposição final dos resíduos relacionados na alínea c do inciso I do caput do art. 3º desta Lei;

III – de varrição, capina e poda de árvores em vias e logradouros públicos e outros eventuais serviços pertinentes à limpeza pública urbana.

Art. 49. São objetivos da Política Federal de Saneamento Básico:

I – contribuir para o desenvolvimento nacional, a redução das desigualdades regionais, a geração de emprego e de renda e a inclusão social;

II – priorizar planos, programas e projetos que visem à implantação e ampliação dos serviços e ações de saneamento básico nas áreas ocupadas por populações de baixa renda;

III – proporcionar condições adequadas de salubridade ambiental aos povos indígenas e outras populações tradicionais, com soluções compatíveis com suas características socioculturais;

IV – proporcionar condições adequadas de salubridade ambiental às populações rurais e de pequenos núcleos urbanos isolados;
V – assegurar que a aplicação dos recursos financeiros administrados pelo poder público dê-se segundo critérios de promoção da salubridade ambiental, de maximização da relação benefício-custo e de maior retorno social;
VI – incentivar a adoção de mecanismos de planejamento, regulação e fiscalização da prestação dos serviços de saneamento básico;
VII – promover alternativas de gestão que viabilizem a autossustentação econômica e financeira dos serviços de saneamento básico, com ênfase na cooperação federativa;
VIII – promover o desenvolvimento institucional do saneamento básico, estabelecendo meios para a unidade e articulação das ações dos diferentes agentes, bem como do desenvolvimento de sua organização, capacidade técnica, gerencial, financeira e de recursos humanos, contempladas as especificidades locais;
IX – fomentar o desenvolvimento científico e tecnológico, a adoção de tecnologias apropriadas e a difusão dos conhecimentos gerados de interesse para o saneamento básico;
X – minimizar os impactos ambientais relacionados à implantação e desenvolvimento das ações, obras e serviços de saneamento básico e assegurar que sejam executadas de acordo com as normas relativas à proteção do meio ambiente, ao uso e ocupação do solo e à saúde. (Brasil, 2007a)

8.1.4 Resolução Conama nº 275, de 25 de abril de 2001

[...] Considerando que a reciclagem de resíduos deve ser incentivada, facilitada e expandida no país, para reduzir o consumo de matérias-primas, recursos naturais não renováveis, energia e água;
Considerando a necessidade de reduzir o crescente impacto ambiental associado à extração, geração, beneficiamento, transporte, tratamento e destinação final de matérias-primas, provocando o aumento de lixões e aterros sanitários;
Considerando que as campanhas de educação ambiental, providas de um sistema de identificação de fácil visualização, de validade nacional e inspirado em formas de codificação já adotadas internacionalmente, sejam essenciais para efetivarem a coleta seletiva de resíduos, viabilizando a reciclagem de materiais, resolve:

Art.1º Estabelecer o código de cores [demonstrado no capítulo anterior] para os diferentes tipos de resíduos, a ser adotado na identificação de coletores e transportadores, bem como nas campanhas informativas para a coleta seletiva.

Art. 2º Os programas de coleta seletiva, criados e mantidos no âmbito de órgãos da administração pública federal, estadual e municipal, direta e indireta, e entidades paraestatais, devem seguir o padrão de cores estabelecido.

§ 1º Fica recomendada a adoção do referido código de cores para programas de coleta seletiva estabelecidos pela iniciativa privada, cooperativas, escolas, igrejas, organizações não governamentais e demais entidades interessadas. (Brasil, 2001)

Vistas algumas das leis que regem a questão dos RSU no Brasil, passaremos, agora, à legislação mais específica.

8.2 *Política Nacional de Resíduos Sólidos (PNRS)*

Com o objetivo de reduzir a geração de lixo e combater a poluição e o desperdício de materiais descartados pelo comércio, pelas residências, pelas indústrias, pelas empresas e pelos hospitais, o então Presidente Luis Inácio Lula da Silva sancionou, no dia 2 de agosto de 2010, a Lei nº 12.305, que institui a Política Nacional de Resíduos Sólidos (PNRS).

Passaram-se 20 anos desde a tramitação dessa lei no Congresso Nacional. O objetivo, quando foi criado o projeto da lei, era discuti-la e apresentá-la na Conferência das Nações Unidas sobre o Meio Ambiente e o Desenvolvimento (Eco-92). Contudo, o projeto ficou "engavetado" e, mais uma vez, o Brasil ficou "para trás" no que tange às mudanças socioambientais no planeta.

Passados esses anos, não era mais possível adiar o sancionamento da lei, pois a situação ambiental nacional, sobretudo no que se trata de lixões, estava entrando em colapso. A Lei nº 12.305, de 2 de agosto de 2010 (Brasil, 2010), contempla, então, que o tratamento dos resíduos deve seguir os princípios estabelecidos pelas políticas nacionais de meio ambiente, de educação ambiental, de recursos hídricos, de saneamento básico e de saúde. Os municípios devem implantar um Plano de Gestão Integrada dos Resíduos que contemple o diagnóstico da situação dos resíduos sólidos; a previsão de mecanismos para a criação de fontes de negócios, emprego e renda; e também resíduos de características especiais (Barros, 2007).

Essa Lei complementa a realização do Plano de Gerenciamento dos Resíduos Sólidos e aplica, também, o disposto na Resolução nº 307, de 5 de julho de 2002 (Brasil, 2002), que obriga as obras de construção civil a realizarem o mesmo plano de gestão de resíduos. A base fundamental é evitar o desperdício. É importante destacar que, entre os objetivos das empresas que devem estar acoplados à lei, estão:

- **A não geração, redução, reutilização e tratamento de resíduos sólidos:** As empresas deverão observar, na ACV dos seus produtos, a finitude dos recursos naturais, ou seja, se algumas matérias-primas estiverem escassas, ou a ponto de acabar, a empresa deverá fazer a reinserção dessa matéria por meio da redução de consumo e da reciclagem para um novo ciclo produtivo.
- **Destinação final ambientalmente adequada dos rejeitos:** Cerca de 72% dos lixões brasileiros, hoje, funcionam a céu aberto e são, portanto, grandes vetores de doenças, de contaminação de lençol freático, de água e de poluição atmosférica. Há a necessidade de o Poder Público e da sociedade ampliarem o debate perante a realidade local e criarem mecanismos e estratégias para destinar corretamente o lixo.
- **Diminuição do uso dos recursos naturais no processo de produção de novos produtos:** É lamentável que algumas indústrias ainda não tenham a água e a energia como importantes aliadas no processo de produção e que, também, não utilizem águas de reuso. É necessário e urgente repensar o processo de produção a fim de evitar a escassez de recursos naturais.
- **Intensificação de ações de educação ambiental:** A Política Nacional de Educação Ambiental foi criada pela Lei nº 9.795, de 27 de abril de 1999 (Brasil, 1999), mas, infelizmente, é pouco levada a sério por governos e municípios. Poucas são as ações de educação ambiental no ensino formal e informal. É necessário, portanto, que, no âmbito estadual, sejam aplicadas as normativas legais para a educação ambiental e, no que diz respeito às empresas, intensificar a educação ambiental corporativa, na qual os colaboradores são capacitados para entender e compreender esse processo de mudança de hábitos e atitudes ante o meio ambiente.
- **Aumento da reciclagem no país:** É inegável que, nos últimos anos, o Brasil tem intensificado a reciclagem, o reuso e o consumo consciente de bens e matérias-primas. Contudo, maiores incentivos governamentais e decisórios são necessários. A reciclagem deve deixar de ser uma exigência para ser uma questão de consciência, arraigada nas empresas públicas e privadas.
- **Promoção da inclusão social:** Entre os muitos projetos e ações de inclusão social, queremos destacar aqui o programa *Lixo e Cidadania*, realizado com a participação de diversos setores da sociedade e diretamente apoiado pela Procuradoria Federal do Trabalho. É um bom exemplo de ação de inclusão da qual o mercado empresarial pode participar, fazendo

doações voluntárias dos resíduos que podem ser reciclados e, ao mesmo tempo, incentivando a inclusão de catadores nesse processo.

- **Geração de emprego e renda para catadores de materiais recicláveis:** Os catadores, no Brasil (e não é diferente em outros países), sempre estiveram à margem da vulnerabilidade social. No entanto, há, em legislação específica, a garantia de geração de emprego para essa parcela da população. Sendo assim, é necessário que o Poder Público, as empresas e a sociedade discutam abertamente as formas de inclusão e de geração desses empregos para que essa população tenha seus direitos garantidos. É um processo moroso, é claro, mas imprescindível.

É claro que cumprir a legislação e, mais ainda, atender a esses objetivos, que, intrinsecamente, vêm junto com a lei, é uma tarefa árdua. Não é de se espantar que, mesmo sancionada a lei, alguns municípios ainda não "acordaram" para a nova proposta/necessidade ou ainda não debateram a legislação com a sociedade civil.

É importante que essa legislação sobre RSU seja discutida com as autoridades, a comunidade e as empresas, pois, no arcabouço da lei, a responsabilidade é compartilhada por todos. Ou seja, não somente o Poder Público (a prefeitura, as secretarias, o governo estadual e federal) tem responsabilidades sobre a gestão do "lixo", mas a sociedade como um todo deve arcar com essa questão.

O mercado empresarial, por sua vez, tem nessa legislação uma fatia de suprarresponsabilidade, pois deve implementar políticas internas de Sistema de Gestão Ambiental (SGA), num sentido mais moderno de ecoeficiência, ou seja, o desperdício zero.

É importante ressaltar ainda que, de acordo com Barros (2007), na PNRS devem estar contemplados os seguintes itens:

- Diretrizes
  - Proteção da saúde pública e da qualidade do meio ambiente.
  - Promoção da educação ambiental.
  - Adoção, desenvolvimento e aprimoramento de tecnologias ambientalmente saudáveis, a fim de reduzir os impactos ambientais dos resíduos.
  - Incentivo ao uso de matérias-primas e insumos derivados de materiais recicláveis e reciclados.
  - Gestão integrada de resíduos sólidos entre União, estados, municípios e Distrito Federal.
  - Cooperação técnica e financeira para a gestão integrada de resíduos sólidos.
  - Capacitação técnica continuada na área de gestão de resíduos sólidos.

- Adoção de práticas e mecanismos que respeitem as diversidades locais e regionais.

- Financiamento

  O Estado deverá atuar como indutor de novas práticas de gestão dos resíduos, além de promover medidas e produtos para reduzir o volume de lixo gerado e permitir o tratamento ambientalmente adequado. Para isso, serão oferecidas linhas de financiamentos específicas para promover:
  - A prevenção e a redução de resíduos sólidos no processo produtivo.
  - Pesquisas voltadas à prevenção da geração de resíduos sólidos.
  - Produtos que atendam à proteção ambiental e à saúde humana.
  - Infraestrutura física e equipamentos para reciclagem.

A PNRS, quando aplicada corretamente, tende a diminuir o consumo dos recursos naturais e proporcionar a abertura de novos mercados, gerando trabalho, emprego, renda e inclusão social. Isso além da diminuição dos impactos ambientais e consequente preservação do meio ambiente.

Para saber mais

Mar de lixo

Mundialmente conhecido, o "mar de lixo" está localizado no

Oceano Pacífico, numa imensa região do mar que começa a cerca de 950 quilômetros da costa californiana e chega ao litoral havaiano. Seu tamanho já se aproxima de 680 mil quilômetros quadrados, o equivalente aos territórios de Minas Gerais, Rio de Janeiro e Espírito Santo somados [...]. Descobridor do aterro marinho gigante, também chamado de "vórtice de lixo", o oceanógrafo norte-americano Charles Moore acredita que estejam reunidos naquelas águas cerca de 100 milhões de toneladas de detritos – que vão desde blocos de brinquedos Lego até bolas de futebol e caiaques. Correntes marinhas impedem que eles se dispersem. "A ideia original que as pessoas tiveram foi que era uma ilha de lixo plástico sobre a qual você quase poderia andar", observa Marcus Eriksen, diretor de pesquisas da Algalita Marine Research Foundation, organização norte-americana criada por Moore. "Não é nada disso. É quase uma sopa plástica."

Cerca de 20% dos componentes desses depósitos são atirados ao mar por navios ou plataformas petrolíferas. O restante vem mesmo da terra firme. Segundo o oceanógrafo Curtis Ebbesmeyer, especializado em destroços de navegação e que acompanha a presença de plásticos nos mares por mais de 15 anos, o vórtice de lixo se assemelha a um organismo vivo: "Ele se move como um animal grande sem coleira". A aproximação dessa massa à terra firme, por eventuais mudanças de correntes marinhas, produz efeitos temíveis, assinala o cientista: "A colcha de lixo regurgita, e você tem uma praia coberta com esse confete de plástico". (Araia, 2008)

8.3 Política de Resíduos Sólidos do Estado do Paraná

Agora que já conhecemos a PNRS, vamos analisar outros aspectos, como planos de gestão integrada e resíduos de serviços de saúde, em âmbitos mais diretos, a fim de estreitar nossa compreensão sobre o assunto e poder analisar as situações de forma mais direta. Para isso, utilizaremos como exemplo o Estado do Paraná e, nas questões municipais, a cidade de Curitiba e região metropolitana.

O Paraná produz, diariamente, 20 mil toneladas de resíduos de todas as origens. Além disso, a maioria das cidades sofre pela ausência da implantação de um adequado sistema de saneamento ambiental, sendo que, no Estado, há 181 municípios com lixões a céu aberto. Para sanar esses problemas, o Paraná criou o Programa Desperdício Zero, que, sustentado nos compromissos do Estado e na cooperação de instituições e entidades parceiras, tem cinco missões principais:

- *Mudança de atitudes e de hábitos de consumo;*
- *Minimização na geração de resíduos;*
- *Combate ao desperdício;*
- *Incentivo à reutilização dos materiais;*
- *Reaproveitamento de materiais através da reciclagem.* (Paraná, 2012)

Segundo a Secretaria Estadual do Meio Ambiente,

> *A política de Resíduos Sólidos do Estado do Paraná – Programa Desperdício Zero visa, principalmente, à eliminação de 100% dos lixões no Estado do Paraná e à redução de 30% dos resíduos gerados. O governo pretende alcançar estas metas através da convocação de toda sociedade, objetivando a mudança de atitude, hábitos de consumo, combate ao desperdício, incentivo à reutilização, reaproveitamento dos materiais potencialmente recicláveis através da reciclagem.* (Paraná, 2012)

Contudo, não é necessária uma análise demorada para percebermos que, até o momento, a situação pouco mudou. No Estado, a maioria das cidades ainda destina seus resíduos a lixões, sem nenhum cuidado com relação aos impactos ambientais e sanitários ocasionados por eles. Existem ainda muitas ações que precisam ser implementadas, tais como:

- *Estimular o estabelecimento de parcerias entre o poder público, setor produtivo e a sociedade civil por meio de iniciativas que promovam o desenvolvimento sustentável;*
- *Implementar a gestão diferenciada para resíduos domiciliares, comerciais, rurais, industriais, construção civil, de estabelecimentos de saúde, podas e similares e especiais;*
- *Estimular a destinação final adequada dos resíduos sólidos urbanos de forma compatível com a saúde pública e a conservação do meio ambiente;*
- *Implementar programas de educação ambiental, em especial os relativos a padrões sustentáveis de consumo;*
- *Adotar soluções regionais no encaminhamento de alternativas ao acondicionamento, armazenamento, coleta, transporte, tratamento e disposição final dos resíduos sólidos;*
- *Estimular pesquisa, desenvolvimento, apropriação, adaptação, aperfeiçoamento e uso efetivo de tecnologias adequadas ao gerenciamento integrado de resíduos sólidos;*
- *Capacitar gestores ambientais envolvidos em atividades relacionadas ao gerenciamento integrado dos resíduos sólidos;*
- *Instalar grupos de trabalhos permanentes para acompanhamento sistemático das ações, projetos, regulamentações na área de resíduos;*
- *Estimular, desenvolver e implementar programas municipais relativos ao gerenciamento integrado de resíduos;*
- *Licenciar, fiscalizar e monitorar a destinação adequada dos resíduos sólidos, de acordo com as competências legais;*
- *Promover a recuperação do passivo ambiental, oriundo da disposição inadequada dos resíduos sólidos;*
- *Preservar a qualidade dos recursos hídricos pelo controle efetivo e pelo levantamento periódico dos descartes de resíduos em áreas de preservação ambiental;*
- *Estimular a implantação de unidades de tratamento e destinação final de resíduos industriais;*
- *Estimular o uso, reuso e reciclagem, com a implantação de usinas, visando ao reaproveitamento dos resíduos inertes da construção civil;*
- *Estimular a implantação de programas de coleta seletiva e reciclagem, com o incentivo à segregação integral de resíduos sólidos na fonte geradora;*
- *Estimular ações relacionadas aos resíduos gerados nas zonas rurais, priorizando o destino das embalagens vazias de agrotóxicos e a suinocultura.* (Paraná, 2012)

No que se refere à capital do Estado, a cidade de Curitiba, o principal programa municipal de gestão de RSU é o "Lixo que não é Lixo".

> *Preocupada com a escassez dos recursos naturais renováveis e não renováveis, com a não degradação de áreas e com a melhoria da qualidade de vida de seus habitantes, CURITIBA implantou em 13/10/1989 o programa "LIXO QUE NÃO É LIXO"* (SMMA – Secretaria Municipal de Meio Ambiente).
>
> *A coleta seletiva constitui-se de um novo serviço de coleta de Resíduos Sólidos Urbanos. Sua principal característica é a separação do lixo doméstico dentro da fonte geradora, ou seja, o domicílio. O processo é muito simples e compreende a separação prévia do material orgânico do inorgânico.*
>
> *Uma vez separados, o munícipe apresenta os resíduos nos dias e horários predeterminados para a coleta.*
>
> *Todo resíduo reciclável coletado é pesado e enviado à Unidade de Valorização de Rejeitos (Usina de Reciclagem) ou para depósitos de reciclagem. Nestas áreas, funcionários treinados fazem a separação, pesagem, enfardamento e a estocagem do material, para posteriormente serem vendidos como insumo para as indústrias de transformação.* (Geocities, 2009)

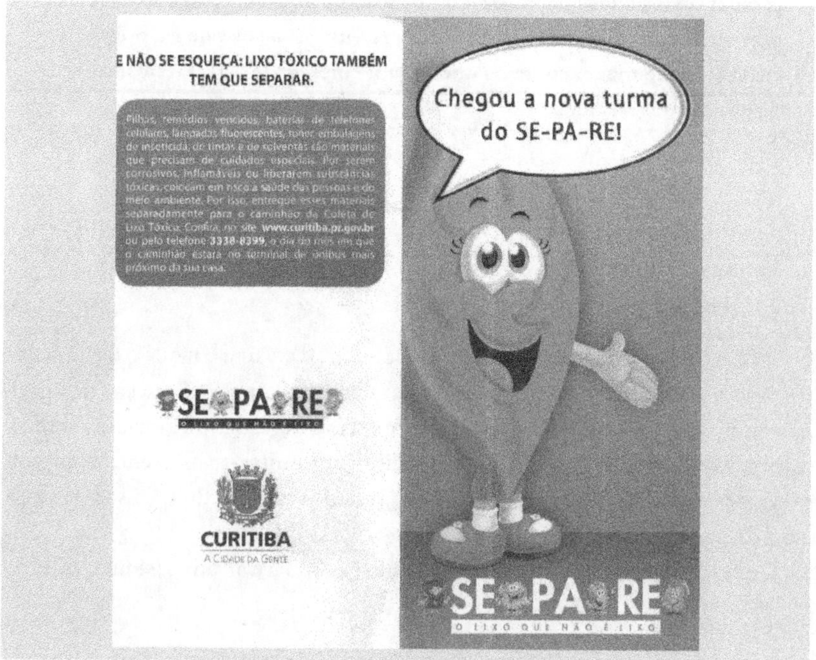

O programa é uma ação inteligente que age, sobretudo, na conscientização da população. Fortes campanhas de *marketing* enfatizam a importância da separação do lixo e a facilidade da entrega do material reciclável, que é coletado, normalmente, uma vez por semana e com um sistema similar à coleta de lixo convencional, mas em dias diferenciados. Ou seja, em certos dias da semana, há a coleta de resíduos não recicláveis e, em outros dias, a coleta do "Lixo que não é Lixo". Além disso, a população tem acesso fácil aos horários de coleta no *site* da prefeitura da cidade.

8.4 *Gestão integrada de resíduos sólidos*

Para além da gestão dos RSU, os planos de gestão integrada de resíduos são um ideal a se atingir, pois visam à gestão de resíduos por meio de um acompanhamento de todo o ciclo produtivo, de maneira holística. É um equilíbrio entre a produção, a necessidade de produção e o impacto ambiental.

Os planos de gestão integrada devem sempre contemplar a questão da educação ambiental do cidadão, a fim de conscientizá-lo da urgente necessidade de adotar novas atitudes com relação aos hábitos de consumo, minimizando ao máximo o desperdício de materiais e procurando reduzir as quantidades geradas de resíduos que necessitam de disposição final. Atuando de forma preventiva para diminuir a geração, as prefeituras, o governo e a própria sociedade economizam recursos que seriam empregados no tratamento e na disposição dos resíduos.

8.4.1 *Plano de Gerenciamento de Resíduos Sólidos (PGRS): formas de tratamento e destino que visam ao menor impacto ambiental*

O Plano de Gerenciamento é um documento que apresenta a situação atual do sistema de limpeza urbana, com a pré-seleção das alternativas mais viáveis e o estabelecimento de ações integradas e diretrizes sobre os aspectos ambientais, econômicos, financeiros, administrativos, técnicos, sociais e legais para todas as fases de gestão dos resíduos sólidos, desde a sua geração até a destinação final (Brasil, 2001).

De forma geral, entre as principais normas relativas aos resíduos sólidos temos:

- Normas da Associação Brasileira de Normas Técnicas (ABNT).
- Resoluções do Conselho Nacional do Meio Ambiente (Conama).
- Leis, resoluções e decretos das secretarias e órgãos estaduais.
- Leis, resoluções e decretos das secretarias e órgãos municipais (Apets, 2012).

Com base no Termo de Referência da Prefeitura Municipal de Curitiba, o PGRS divide-se em várias etapas:

- Diagnósticos da situação.
- Identificação e quantificação dos pontos de geração de resíduos.
- Classificação de cada resíduo gerado.
- Descrição dos procedimentos adotados quanto à segregação, à coleta, ao acondicionamento, ao armazenamento, ao transporte/transbordo e à destinação final dos resíduos gerados.
- Identificação da área de armazenamento intermediário, das estações de transbordo, da unidade de processamento e descrição das condições de operacionalidade.
- Ações preventivas direcionadas à não geração, à minimização da geração de resíduos e ao controle da poluição.
- Medidas para melhoria contínua do sistema (Apets, 2012).

É importante ressaltar que o PGRS deve ser elaborado atendendo à legislação vigente, de acordo com o estado e o município no qual ocorrerá a sua implantação.

8.4.2 *Planejamento do manejo dos resíduos*

Utilizamos aqui, como exemplo, o termo de referência para a elaboração do PGRS do município de Pinhais/PR, o qual estabelece que o PGRS deve contemplar as seguintes descrições:

- Diretrizes para implementação do plano.
- Estrutura organizacional.
- Descrição das técnicas e procedimentos a serem adotados no manejo dos resíduos.
- Identificação e distribuição dos equipamentos de acondicionamento dos resíduos sólidos: contêineres, tambores, cestos etc.
- *Layout* da distribuição de recipientes e da rota de coleta.
- Forma e frequência da coleta, indicando os horários, percursos e equipamentos.
- Unidades intermediárias.

- Recursos humanos e equipe de implantação, operação e monitoramento.
- Educação ambiental e eliminação de desperdícios e para correta triagem de resíduos.
- Ações preventivas e corretivas em situações de manuseio incorreto e/ou acidentais.
- Controle ambiental e avaliações periódicas.
- Prognóstico dos impactos ambientais e suas alternativas.

Embora seja apenas um exemplo e, como citado anteriormente, cada município deve elaborar seus próprios termos de acordo com os requisitos de região, tipo de RSU etc., o termo de referência para a implantação do PGRS de Pinhais serve para que você visualize os requisitos que devem ser levados em conta na elaboração de um plano de gestão.

É necessária, ainda, para que o PGRS seja implantado corretamente e atinja os objetivos propostos quando da sua concepção, a realização de um acompanhamento por um período mínimo, predeterminado de acordo com as características do plano e a complexidade do sistema implantado. Durante esse período, **deve ser avaliada a evolução das ações propostas no sistema de gerenciamento implantado**, por meio do monitoramento dos resultados obtidos, da elaboração de índices ou indicadores de eficiência e, se necessário, da proposição de ações corretivas para solucionar falhas observadas e/ou melhorar o funcionamento e a eficiência do sistema.

8.5 *Processos de destinação dos RSU*

A disposição final dos RSU pode ser entendida como a deposição dos resíduos em determinado local. Nos municípios brasileiros, há várias formas de disposição final de RSU, sendo, como vimos anteriormente, o aterro sanitário ou industrial as formas consideradas ambientalmente mais adequadas, por reduzirem os impactos ambientais e sanitários.

A escolha das destinações para os resíduos deve considerar as melhores soluções técnicas e alternativas econômicas para cada tipo de material a ser descartado. Para minimizar a quantidade de resíduos depositados em aterros e, assim, prolongar a vida útil desses aterros, é importante desenvolver medidas de minimização e reaproveitamento dos resíduos. Além disso, o tratamento correto dos RSU pode facilitar a sua disposição, reduzindo o volume e/ou a toxicidade.

8.5.1 *Tecnologias disponíveis no mercado para tratamento e disposição final de RSU*

A disposição final, conforme apresentado anteriormente, é a colocação de resíduos **sólidos em aterro sanitário ou industrial.** A disposição em aterros exige estudos técnicos geológicos e topográficos para determinar a escolha do melhor local para sua implantação. Neles, os líquidos são drenados e coletados em lagoas de tratamento. A locação dos aterros deve obedecer a uma distância mínima de 200 metros de qualquer curso de água e necessita de poços de monitoramento para avaliar a segurança do sistema.

- **Aterro sanitário:** Técnica de disposição final dos resíduos sólidos urbanos no solo, por meio de confinamento em camadas ou células cobertas com material inerte.
- **Aterro industrial:** Local de disposição final dos resíduos no solo, especialmente projetado para resíduos perigosos, que impactam a ocupação do solo, requerendo áreas próprias e perenes.

As unidades receptoras de resíduos são as instalações licenciadas pelas autoridades ambientais para a recepção, a segregação e o tratamento ou destinação final de resíduos, que podem ser destruídos pelos processos apresentados a seguir:

- **Compostagem:** Consiste no reaproveitamento da massa orgânica dos resíduos por meio da sua transformação em composto, como vimos anteriormente. A compostagem é um processo biológico no qual os micro-organismos transformam a matéria orgânica em um material semelhante ao solo, chamado *composto*, o qual pode ser utilizado como adubo.
- **Incineração:** É um processo tecnológico que emprega a decomposição térmica, via oxidação em alta temperatura (usualmente a 900 °C ou superior), para destruir a fração orgânica de um resíduo ou reduzir o seu volume (Gabaí, 1994). A incineração apresenta vantagens, como a redução do volume, a geração de energia e o aumento da vida útil dos aterros sanitários, mas também desvantagens, como o alto custo, as emissões atmosféricas e a necessidade de mão de obra especializada.
- **Coprocessamento:** "Processo de destruição térmica de resíduos em fornos industriais [normalmente fornos de cimento], com aproveitamento energético e/ou aproveitamento dos resíduos como matérias-primas" (Anastácio, 2003, p. 43). Trata-se de um processo utilizado, a partir da década de 1990, para solucionar de forma eficaz o grande problema da destinação adequada de resíduos sólidos, líquidos e pastosos, como óleos e graxas, borras de óleo ou de tinta, pneus, entre outros.

É importante ressaltar que as opções de incineração e de coprocessamento por destruição térmica têm efeitos impactantes ao ambiente, desde a simples emissão de fumaça até a geração de poluentes tóxicos e venenosos, como o monóxido de carbono e dioxinas e a chuva ácida, além da contribuição para o efeito estufa.

Tanto na reciclagem quanto no tratamento ou na disposição final de resíduos, não podemos definir que exista um maneira ideal, que deva ser priorizada na medida do possível. A escolha do melhor processo depende de uma série de situações econômicas, sociais, tecnológicas e ambientais. No entanto, cabe ressaltar uma tecnologia que promete melhorias em muitos aspectos, conhecida como **plasma pirólise**, já utilizada na destruição de resíduos pelo uso de altas temperaturas, promovendo a decomposição química sem oxigênio em temperaturas que podem variar de 5 mil °C a 50 mil °C, dependendo das condições de geração. Essa tecnologia tem inúmeras aplicações, porém, para o tratamento de resíduos, são empregados basicamente dois tipos:

1. **Aquecimento direto:** Promove a dissociação das ligações moleculares de qualquer tipo de composto pelo contato da tocha de plasma, que gera um campo elétrico de energia radiante de altíssima intensidade. Assim, o lixo perde a sua composição química original, tornando-se compostos mais simples.
2. **Processamento em duas câmaras:** Realizado em duas etapas diferentes de tratamento. Os resíduos sólidos são, em um primeiro momento, gaseificados, obtendo-se daí um gás parcialmente oxidado, que corresponde à parte orgânica. A parte inorgânica é fundida, após os gases e líquidos gerados, e decomposta numa segunda etapa por um reator de plasma.

8.6 *Resíduos de serviço de saúde*

Antes, os Resíduos de Serviço de Saúde (RSS) eram denominados *lixo hospitalar* e abrangiam um conceito que se restringia apenas aos hospitais. Hoje, o conceito aceito é o de que "RSS é o produto residual, não utilizável, resultante de atividades exercidas por estabelecimento prestador de serviço de saúde" (ABNT, 1993).

Segundo regulamento técnico – RDC nº 306, de 7 de dezembro de 2004 (Anvisa, 2004), definem-se como geradores de RSS todos os serviços relacionados ao atendimento à saúde humana ou animal, inclusive os serviços de assistência domiciliar e de trabalhos de campo, laboratórios analíticos e produtos para saúde, necrotérios, funerárias e serviços nos quais sejam exercidas atividades de embalsamamento, serviços de medicina legal, drogarias e farmácias, inclusive as de manipulação, estabelecimentos de ensino e pesquisa na área de saúde, centro de controle de zoonoses, distribuidores de produtos farmacêuticos, unidades móveis de atendimento à saúde, serviço de acupuntura, serviços de tatuagem, e outros similares.

O Brasil gera, diariamente, 228.413 toneladas de resíduos, sendo 1% destes de serviços de saúde, segundo o IBGE (2000).

8.6.1 Legislação sobre os resíduos de serviços de saúde

A Agência Nacional de Vigilância Sanitária (Anvisa), vinculada ao Ministério da Saúde, por meio da Resolução nº 306, de 7 de dezembro de 2004, dispõe sobre o regulamento técnico para o gerenciamento de resíduos de serviços de saúde, com foco no gerenciamento interno.

> *Dispõe sobre o Regulamento Técnico para o gerenciamento de resíduos de serviços de saúde – RSS, com vistas a preservar a saúde pública e a qualidade do meio ambiente considerando os princípios da biossegurança de empregar medidas técnicas, administrativas e normativas para prevenir acidentes, preservando a saúde pública e o meio ambiente; considerando que os serviços de saúde são os responsáveis pelo correto gerenciamento de todos os RSS por eles gerados, atendendo às normas e exigências legais, desde o momento de sua geração até a sua destinação final; considerando que a segregação dos RSS, no momento e local de sua geração, permite reduzir o volume de resíduos perigosos e a incidência de acidentes ocupacionais dentre outros benefícios à saúde pública e ao meio ambiente; considerando a necessidade de disponibilizar informações técnicas aos estabelecimentos de saúde, assim como aos órgãos de vigilância sanitária, sobre as técnicas adequadas de manejo dos RSS, seu gerenciamento e fiscalização.* (Anvisa, 2004)

O Conselho Nacional do Meio Ambiente (Conama), vinculado ao Ministério do Meio Ambiente, por meio da Resolução nº 358, de 29 de abril de 2005, dispõe sobre o tratamento e a disposição final dos resíduos de serviços de saúde com base nos seguintes requisitos:

> *Considerando os princípios da prevenção, da precaução, do poluidor pagador, da correção na fonte e de integração entre os vários órgãos envolvidos para fins do licenciamento e da fiscalização [...] relativos ao tratamento e disposição final dos resíduos dos serviços de saúde, com vistas a preservar a saúde pública e a qualidade do meio ambiente; Considerando a necessidade de minimizar riscos ocupacionais nos ambientes de trabalho e proteger a saúde do trabalhador e da população em geral; Considerando a necessidade*

de estimular a minimização da geração de resíduos, promovendo a substituição de materiais e de processos por alternativas de menor risco, a redução na fonte e a reciclagem, dentre outras alternativas; Considerando que a segregação dos resíduos, no momento e local de sua geração, permite reduzir o volume de resíduos que necessitam de manejo diferenciado; Considerando que soluções consorciadas, para fins de tratamento e disposição final de resíduos de serviços de saúde, são especialmente indicadas para pequenos geradores e municípios de pequeno porte; Considerando que as ações preventivas são menos onerosas do que as ações corretivas e minimizam com mais eficácia os danos causados à saúde pública e ao meio ambiente; Considerando a necessidade de ação integrada entre os órgãos federais, estaduais e municipais de meio ambiente, de saúde e de limpeza urbana com o objetivo de regulamentar o gerenciamento dos resíduos de serviços de saúde. (Brasil, 2005)

8.6.2 *Classificação dos RSS*

Da mesma forma que os RSU, os estados e municípios podem elaborar normas próprias para a gestão dos RSS. No município de Curitiba, por exemplo, são estabelecidas categorias de resíduos provenientes de serviços de saúde que não podem ser dispostos em aterros sanitários (Curitiba, 2004).

Devido à grande diversidade de atividades desenvolvidas, um mesmo hospital ou estabelecimento de atendimento à saúde pode gerar desde resíduos absolutamente inócuos, como entulho de construção, até os resíduos muito perigosos, como peças anatômicas com altas doses de medicamentos antineoplásicos. Para a correta gestão desses resíduos, foram propostas por várias entidades, sobretudo pelo Conama e pela Anvisa, diversas classificações de resíduos (Garcia; Ramos, 2004).

Segundo a Resolução RDC nº 306/2004 da Anvisa (2004), a classificação é a seguinte:

- **Grupo A:** Resíduos com a possível presença de agentes biológicos que, por suas características de maior virulência ou concentração, podem apresentar risco de infecção.
- **Grupo A 1:** Culturas e estoques de micro-organismos, resíduos de fabricação de produtos biológicos, exceto os hemoderivados; meios de cultura e instrumentos utilizados para transferência, inoculação ou mistura de culturas; resíduos de laboratórios de manipulação genética.

- **Grupo A 2:** Carcaças, peças anatômicas, vísceras e outros resíduos provenientes de animais submetidos a processos de experimentação com inoculação de micro-organismos, bem como suas forrações, e os cadáveres de animais suspeitos de serem portadores de micro-organismos de relevância epidemiológica e com risco de disseminação, que foram submetidos ou não a estudos anatomopatológicos ou confirmação diagnóstica.
- **Grupo A 3:** Peças anatômicas (membros) do ser humano; produto de fecundação sem sinais vitais, com peso menor que 500 gramas ou estatura menor que 25 centímetros, ou idade gestacional menor que 20 semanas, que não tenham valor científico ou legal e, ainda, que não tenha havido requisição pelo paciente ou seus familiares.
- **Grupo A 4:** *Kits* de linhas arteriais, endovenosas e dialisadores; filtros de ar e gases aspirados de área contaminada; membrana filtrante de equipamento médico-hospitalar e de pesquisa, entre outros similares; sobras de amostras de laboratório e seus recipientes contendo fezes, urina e secreções provenientes de pacientes que não contenham e nem sejam suspeitos de conter agentes com alta classificação de risco, nem apresentem relevância epidemiológica e risco de disseminação, ou micro-organismo causador de doença emergente que se torne epidemiologicamente importante ou cujo mecanismo de transmissão seja desconhecido ou com suspeita de contaminação com príons*; tecido adiposo proveniente de lipoaspiração, lipoescultura ou outro procedimento de cirurgia plástica que gere esse tipo de resíduo; recipientes e materiais resultantes de processo de assistência à saúde, que não contenham sangue ou líquidos corpóreos na forma livre; peças anatômicas (órgãos e tecidos) e outros resíduos provenientes de procedimentos cirúrgicos ou de estudos anatomopatológicos ou de confirmação diagnóstica; carcaças, peças anatômicas, vísceras e outros resíduos provenientes de animais não submetidos a processos de experimentação com inoculação de micro-organismos, bem como suas forrações; cadáveres de animais provenientes de serviços de assistência; bolsas transfusionais vazias ou com volume residual pós-transfusão.
- **Grupo A 5 (príons)** – órgãos, tecidos, fluidos orgânicos, materiais perfuro-cortantes ou escarificantes e demais materiais resultantes da atenção à saúde de indivíduos ou animais com suspeita ou certeza de contaminação com príons.

---

* *De acordo com o dicionário Houaiss, príon é uma "forma aberrante de uma proteína normal, capaz de replicar-se sem nenhuma informação genética, encontrada em placas de amilo ide, sendo agente infeccioso responsável por doenças degenerativas do sistema nervoso"* (Houaiss; Villar, 2009).

- **Grupo B**: Resíduos que apresentam risco à saúde pública e ao meio ambiente devido às suas características físicas, químicas e físico-químicas. Estes deverão ser submetidos a tratamento e destinação final específicos, de acordo com as características de toxicidade, inflamabilidade, corrosividade e reatividade, segundo exigências do órgão ambiental competente. São eles:
  - drogas quimioterápicas e outros produtos que possam causar mutagenicidade e genotoxicidade e os materiais por eles contaminados;
  - medicamentos vencidos, parcialmente interditados, não utilizados, alterados ou impróprios para o consumo; antimicrobianos e hormônios sintéticos; frascos, mesmo vazios, de antibióticos;
  - produtos oriundos da patologia/anatomia;
  - Xylol, etanol, formaldeído, glutaraldeído;
  - mercúrio, tintas, solventes, baterias, pesticidas, desinfetantes;
  - solventes halogenados, inflamáveis;
  - lâmpadas fluorescentes;
  - demais produtos considerados perigosos, conforme classificação da NBR 10.004 da ABNT (tóxicos, corrosivos, inflamáveis e reativos).
- **Grupo C**: São os rejeitos radioativos. Enquadram-se neste grupo os resíduos radioativos ou contaminados com radionuclídeos, provenientes de laboratórios de análises clínicas, serviços de medicina nuclear e radioterapia.
- **Grupo D**: Resíduos recicláveis e resíduos comuns. São todos aqueles resíduos não contaminados, os quais podem ser destinados à coleta seletiva ou ter a mesma disposição adotada para os RSU, já descrita anteriormente.
- **Grupo E**: Todo material com característica perfuro-cortante ou escarificante. São eles:
  - agulhas;
  - ampolas quebradas;
  - brocas;
  - bisturi;
  - cateter intravenoso (*scalp*, *abocath*, *intracath* etc.);
  - espátulas;
  - fio cirúrgico com agulha;
  - lâmina (gilete);
  - lanceta;
  - lâmina de bisturi;
  - lâminas e lamínulas;
  - ponteira de equipo de soro;
  - pinças inutilizáveis;
  - seringa descartável com agulha;

- tesouras quebradas (inutilizáveis);
- todos os utensílios quebrados do laboratório (pipeta, tubo de coleta sanguínea, placas de petri – com ou sem matéria orgânica).

8.6.3 *Plano de Gestão dos Resíduos de Serviços de Saúde (PGRSS)*

O PGRSS pode ser definido como um conjunto de procedimentos de gestão planejados e implementados com o objetivo de minimizar a produção dos resíduos nos estabelecimentos de saúde e dar o destino adequado aos resíduos de acordo com as suas características (Sisinno; Moreira, 2005).

Todos os estabelecimentos são responsáveis pela elaboração e implantação do PGRSS. Dessa forma, cabe ao responsável legal do estabelecimento a responsabilidade pelo gerenciamento dos seus resíduos, desde a geração até a disposição final, de forma a atender aos requisitos ambientais e de saúde pública (Pinto, 2001).

Para a implantação de um PGRSS, num primeiro momento é necessário realizar o levantamento dos problemas relacionados aos RSS, de forma a identificar o grau de prioridade entre eles. Além disso, é necessário verificar as ações que já estão estabelecidas, ou seja, o que já está sendo feito, e construir um plano de ação para todas as fases do PGRSS.

Cabe ressaltarmos, ainda, que cada PGRSS tem as suas particularidades e, portanto, não basta implantar, sem ajustes, um programa de outra unidade de saúde. Por essa razão, os seguintes passos são de extrema relevância:

- **Diagnóstico**: Inicia-se com as tarefas básicas, como levantamento das informações gerais da unidade de saúde, indicação da equipe de trabalho e identificação do responsável. Na sequência, deve ser informada a caracterização da unidade e quais os serviços prestados mais predominantes.
- **Levantamento e caracterização dos aspectos ambientais semelhantes aos procedimentos realizados no Sistema de Gestão Ambiental (SGA)**: Como, por exemplo, o uso de água e de produtos químicos e a forma de esgotamento sanitário. Esse levantamento deve ser repetido para as emissões gasosas e para os resíduos gerados.

Após a parte burocrática e que envolve a elaboração do plano de ação e o diagnóstico, vem a fase de elaboração dos procedimentos. De maneira geral, o PGRSS possui cinco etapas:

1. acondicionamento;
2. coleta;
3. transporte interno;

4. armazenamento temporário;
5. tratamento e disposição.

Para todas as etapas, devem ser desenvolvidos procedimentos, instruções operacionais, aquisição de equipamentos, treinamentos, entre outras ações.

Além da responsabilidade pela implantação do PGRSS, a unidade geradora deve contemplar, ainda, outras medidas que envolvam todo o pessoal, de modo a estabelecer o envolvimento coletivo. O planejamento do programa deve ser feito em conjunto com todos os setores, definindo-se responsabilidades e obrigações de cada um em relação aos riscos (Ribeiro Filho, 2001). É importante lembrar que, no que se refere aos RSS, a correta gestão é imprescindível, pois eles incidem nos requisitos de saúde pública a curto prazo.

considerações finais

É inegável que o meio ambiente sofre sob a ação humana. São inúmeros os impactos causados pela ação do homem sobre a natureza, como esgotamento dos recursos não renováveis, efeito estufa, destruição da camada de ozônio, toxicidade humana, ecotoxicidades, aterros sanitários, ruídos, odores, doenças, desertificação etc.

As mudanças climáticas já são uma realidade. Nos últimos anos, vivenciamos ciclones, tornados fora de época e em lugares nunca antes afetados, como no Sul do Brasil; chuvas e nevascas no mundo com intensidades e em épocas sem precedentes; seca numa das regiões mais úmidas do planeta, a Amazônia brasileira, entre muitas outras alterações. Enfim, há uma extensa lista do que, hoje, o planeta enfrenta devido ao estilo de vida adotado, sobretudo, pelos países desenvolvidos e em desenvolvimento.

No entanto, não há que se culpar um ou outro país pelas catástrofes naturais mundiais, uma vez que cada um, cada ser humano, por meio de suas ações, é responsável, de uma forma ou de outra, pela crise enfrentada hoje. É necessário ter consciência de que o planeta é de todos e, portanto, a responsabilidade é de todos também.

A nosso ver, a modificação da consciência individual da população é imprescindível para podermos mudar a situação do planeta, e essa é, então, a nossa primeira proposta nesta obra: conscientizá-lo, leitor, de que a mudança parte de você. Contudo, estamos conscientes também de que os agentes que mais poluem o planeta são os provenientes das atividades industriais. Por essa razão, neste livro, buscamos abranger os conteúdos, as ações, as leis e as normas necessárias para a gestão ambiental no mercado empresarial, pois mudanças provindas desse setor são imprescindíveis para as almejadas mudanças ambientais.

Mostramos, aqui, de forma prática e acessível, os conteúdos básicos para que as empresas se adequem (ou aprimorem) seus Sistemas de Gestão Ambiental (SGA) e possam competir nacional e internacionalmente dentro dos novos padrões exigidos comercialmente.

Assim, esperamos que esta obra tenha cumprido seus dois grandes objetivos – o da conscientização pessoal e o da conscientização empresarial – e que você, leitor/gestor, tenha encontrado aqui as informações de que precisa para tornar a sua empresa capaz e competitiva, mas, sobretudo, para começar as suas mudanças no mundo!

referências

ABETRE – Associação Brasileira de Empresas de Tratamento de Resíduos. Resíduos sólidos. **Banas Qualidade**, n. 131, p. 90-97, 2003.

ABNT – Associação Brasileira de Normas Técnicas. Grupo de Apoio à Normalização Ambiental. **O Brasil e a futura série ISO 14000**. Rio de Janeiro, 1994.

_____. **ISO comemora dia mundial da normalização**. Rio de Janeiro, 2000. Disponível em: <http://www.abnt.org.br/newsletter/edicao14/body.htm>. Acesso em: 28 fev. 2012.

_____. **NBR 8419**: apresentação de projeto de aterros sanitários de resíduos sólidos urbanos. Rio de Janeiro, 1992.

_____. **NBR 12807**: resíduo de serviço de saúde é o produto residual, não utilizável, resultante de atividades exercidas por estabelecimento prestador de serviço de saúde. Rio de Janeiro, 1993.

_____. **NBR 14040**: Gestão ambiental: avaliação do ciclo de vida: princípios e estrutura. Rio de Janeiro, 2009.

_____. **NBR ISO 14000**: sistemas de gestão ambiental, especificação e diretrizes para uso. Rio de Janeiro, 1997.

_____. **Resíduos sólidos**. Rio de Janeiro, 2004. Disponível em: <http://www.aslaa.com.br/legislacoes/NBR%20n%2010004-2004.pdf>. Acesso em: 8 mar. 2012.

ALENCAR JÚNIOR, N. R.; GABAÍ, I. Incineração e dioxina: análise do aporte teórico disponível. In: ENCONTRO NACIONAL DE ENGENHARIA DA PRODUÇÃO, 21., 2001, Salvador. **Anais**... Salvador: Enegep, 2001. Disponível em: <http://www.abepro.org.br/biblioteca/ENEGEP2001_TR104_0410.pdf>. Acesso em: 14 mar. 2012.

ALMEIDA, J. R. de. **Perícia ambiental, judicial e securitária**: impacto, dano e passivo ambiental. Rio de Janeiro: Thex, 2006.

ALMEIDA, J. R. de; MELLO, C. dos S.; CAVALCANTI, Y. T. **Gestão ambiental**: planejamento, avaliação, implantação, operação e verificação. Rio de Janeiro: Thex, 2000.

ALMEIDA, L. T. **Política ambiental**: uma análise econômica. Campinas: Papirus; Ed. da Unesp, 1998.

AMBIENTEBRASIL. **Conferência das Nações Unidas sobre Meio Ambiente e Desenvolvimento – ECO-92.** Disponível em: <http://ambientes.ambientebrasil.com.br/gestao/artigos/conferencia_das_nacoes_unidas_sobre_meio_ambiente_e_desenvolvimento_-_eco-92.html>. Acesso em: 21 mar. 2012.

AMORIM, J. M. de; PEREIRA, H. J. Educação ambiental sob uma perspectiva geográfica. **Educação Ambiental em Ação**, São Paulo, n. 27, mar. 2009. Disponível em: <http://www.revistaea.org/artigo.php?idartigo=661&class=25>. Acesso em: 7 mar. 2012.

ANASTÁCIO, A. F. **Proposta de uma sistemática para estruturar uma rede logística reversa de distribuição para o sistema de coleta, processamento e recuperação de resíduos da construção civil**: o caso do município de Curitiba. 109 f. Dissertação (Mestrado em Engenharia de Produção) – Universidade Federal do Rio Grande do Sul, Porto Alegre, 2003. Disponível em: <http://www.producao.ufrgs.br/arquivos/publicacoes/AssisFranciscoAnastacio.pdf>. Acesso em: 13 ago. 2012.

ANDRADE, R. O. B.; TACHIZAWA, T.; CARVALHO, A. B. **Gestão ambiental**: enfoque estratégico aplicado ao desenvolvimento sustentável. 2. ed. São Paulo: Makron Books, 2002.

ANVISA – Agência Nacional de Vigilância Sanitária. Resolução n. 306, de 7 de dezembro de 2004. **Diário Oficial da União**, Brasília, 10 dez. 2004. Disponível em: <http://paginas.ufrgs.br/sga/operacao-do-sga-da-ufrgs-1/projetos/residuos-biologicos-links/links/rdc_306_anvisa.pdf>. Acesso em: 13 ago. 2012.

APETS – Associação Paranaense de Empresa de Tratamento de Superfície. **Plano de gerenciamento de resíduos**: Prefeitura Municipal de Curitiba. Disponível em: <http://www.apets.com.br/noticias/noticiasVer.php?id=94>. Acesso em: 29 fev. 2012.

ARAIA, E. Mar de lixo. **Revista Planeta**, abr. 2008. Disponível em: <http://www.terra.com.br/revistaplaneta/edicoes/427/artigo76909-1.htm>. Acesso em: 4 jul. 2012.

ARAÚJO, A. R. de. **Educação ambiental e sustentabilidade**: desafios para a sua aplicabilidade. 77 f. Monografia (Especialização em Gestão e Manejo Ambiental em Sistemas Agrícolas) – Universidade Federal de Lavras, Lavras, 2010. Disponível em: <http://pt.scribd.com/doc/50663454/7/A-Conferencia-de-Belgrado-1975>. Acesso em: 13 maio 2012.

BARBOSA, R. A. Brasil, globalização e meio ambiente. In: SÃO PAULO (Estado). Secretaria do Meio Ambiente; CIEL – US Center for Internacional Enviromental Law. **Comércio e meio ambiente**: direito, economia e política. São Paulo, 1996. p. 143-147.

BARROS, A. **Câmara analisa política nacional de resíduos sólidos.** Porto Alegre, 2007. Disponível em: <http://www.mp.rs.gov.br/ambiente/noticias/id12397.htm>. Acesso em: 29 fev. 2012.

BEZERRA, A. A. Fragmentos da história da educação ambiental (EA). 2012. Disponível em: <http://dialogica.ufam.edu.br/PDF/no3/Aldenice_Educacao_ambiental.pdf>. Acesso em: 7 mar. 2012.

BLÜMEL, P. Resíduos: cada vez mais lixo. **Revista CREA-PR**, Curitiba, n. 51, p. 24-28, 2008.

BÖCK, A. F.; BUSS, M. D. Gestão participativa dos resíduos sólidos urbanos no Município de Medianeira-PR: diretrizes, descaminhos e perspectivas. In: ENCONTRO DA ASSOCIAÇÃO BRASILEIRA DE ESTUDOS POPULACIONAIS, 13., 2002, Ouro Preto. **Anais...** Ouro Preto: Abep, 2000. Disponível em: <http://www.bvsde.paho.org/bvsacd/cd51/bock.pdf>. Acesso em: 8 mar. 2012.

BOFF, L. **Saber cuidar:** ética do humano, compaixão pela terra. 7. ed. Petrópolis: Vozes, 1999.

BRASIL. Constituição (1988). **Diário Oficial da União**, Brasília, 5 out. 1988a.

BRASIL. Decreto n. 88. 351, de 1º de junho de 1983. **Diário Oficial da União**, Poder Executivo, Brasília, 3 jun. 1983. Disponível em: <http://www.ibama.gov.br/carijos/documentos/Decreto88351.pdf>. Acesso em: 20 mar. 2012.

_____. Decreto n. 99.274, de 6 de junho de 1990. **Diário Oficial da União**, Poder Executivo, Brasília, 7 jun. 1990. Disponível em: <http://www.planalto.gov.br/ccivil_03/decreto/antigos/d99274.htm>. Acesso em: 20 mar. 2012.

BRASIL. Decreto-Lei n. 25, de 30 de novembro de 1937. **Diário Oficial da União**, Poder Executivo, Brasília, 6 dez. 1937. Disponível em: <http://www.planalto.gov.br/ccivil_03/decreto-lei/Del0025.htm>. Acesso em: 28 fev. 2012.

_____. Decreto-Lei n. 2.848, de 7 de dezembro de 1940. **Diário Oficial da União**, Poder Executivo, Rio de Janeiro, 31 dez. 1940. Disponível em: <http://www.planalto.gov.br/ccivil_03/decreto-lei/del2848.htm>. Acesso em: 21 jun. 2012.

BRASIL. Lei n. 4.717, de 29 de junho de 1965. **Diário Oficial da União**, Poder Legislativo, Brasília, 5 jul. 1965. Disponível em: <http://www.planalto.gov.br/ccivil_03/leis/L4717.htm>. Acesso em: 28 fev. 2012.

_____. Lei n. 5.197, de 3 de janeiro de 1967. **Diário Oficial da União**, Poder Legislativo, Brasília, 5 jan. 1967. Disponível em: <http://www6.senado.gov.br/sicon/#>. Acesso em: 10 mar. 2012.

_____. Lei n. 5.869, de 11 de janeiro de 1973. **Diário Oficial da União**, Poder Legislativo, Brasília, 17 jan. 1973. Disponível em: <http://www.planalto.gov.br/ccivil_03/leis/l5869.htm>. Acesso em: 21 jun. 2012.

BRASIL. Lei n. 6.453, de 17 de novembro de 1977. **Diário Oficial da União**, Poder Legislativo, Brasília, 18 nov. 1977. Disponível em: <http://www.jusbrasil.com.br/legislacao/110606/lei-de-responsabilidade-civil-por-danos-nucleares-lei-6453-77>. Acesso em: 8 mar. 2012.

_____. Lei n. 6.766, de 19 de dezembro de 1979. **Diário Oficial da União**, Poder Legislativo, Brasília, 20 dez. 1979. Disponível em: <http://www.planalto.gov.br/ccivil_03/leis/L6766.htm>. Acesso em: 8 mar. 2012.

_____. Lei n. 6.803, de 2 de julho de 1980. **Diário Oficial da União**, Poder Legislativo, Brasília, 8 jul. 1980. Disponível em: <http://www.planalto.gov.br/ccivil_03/leis/L6803.htm>. Acesso em: 8 mar. 2012.

_____. Lei n. 6.902, de 27 de abril de 1981. **Diário Oficial da União**, Poder Legislativo, Brasília, 28 abr. 1981a. Disponível em: <http://www.planalto.gov.br/ccivil_03/leis/L6902.htm>. Acesso em: 10 mar. 2012.

_____. Lei n. 6.938, de 31 de agosto de 1981. **Diário Oficial da União**, Poder Legislativo, Brasília, 3 set. 1981b. Disponível em: <http://www.planalto.gov.br/ccivil_03/leis/L6938.htm>. Acesso em: 8 mar. 2012.

_____. Lei n. 7.347, de 24 de julho de 1985. **Diário Oficial da União**, Poder Legislativo, Brasília, 25 jul. 1985. Disponível em: <http://www.planalto.gov.br/ccivil_03/leis/L7347orig.htm>. Acesso em: 8 mar. 2012.

_____. Lei n. 7.661, de 16 de maio de 1988. **Diário Oficial da União**, Poder Legislativo, Brasília, 18 mai. 1988b. Disponível em: <http://www.planalto.gov.br/ccivil_03/leis/L7661.htm>. Acesso em: 8 mar. 2012.

_____. Lei n. 7.735, de 22 de fevereiro de 1989. **Diário Oficial da União**, Poder Legislativo, Brasília, 23 fev. 1989a. Disponível em: <http://www.planalto.gov.br/ccivil_03/leis/L7735.htm>. Acesso em: 10 mar. 2012.

_____. Lei n. 7.802, de 11 de julho de 1989. **Diário Oficial da União**, Poder Legislativo, Brasília, 12 jul. 1989b. Disponível em: <http://www.planalto.gov.br/ccivil_03/leis/L7802.htm>. Acesso em: 8 mar. 2012.

_____. Lei n. 7.804, de 18 de julho de 1989. **Diário Oficial da União**, Poder Legislativo, Brasília, 20 jul. 1989c. Disponível em: <http://www.jusbrasil.com.br/legislacao/128117/lei-7804-89>. Acesso em: 20 mar. 2012.

_____. Lei n. 7.805, de 18 de julho de 1989. **Diário Oficial da União**, Poder Legislativo, Brasília, 20 jul. 1989d. Disponível em: <http://www.planalto.gov.br/ccivil_03/Leis/L7805.htm>. Acesso em: 10 mar. 2012.

_____. Lei n. 8.171, de 17 de janeiro de 1991. **Diário Oficial da União**, Poder Legislativo, Brasília, 18 jan. 1991. Disponível em: <http://www.planalto.gov.br/ccivil_03/leis/L8171.htm>. Acesso em: 10 mar. 2012.

_____. Lei n. 8.974, de 5 de janeiro de 1995. **Diário Oficial da União**, Poder Legislativo, Brasília, 6 jan. 1995. Disponível em: <http://www.jusbrasil.com.br/legislacao/104372/lei-8974-95>. Acesso em: 8 mar. 2012.

BRASIL. Lei n. 9.433, de 8 de janeiro de 1997. **Diário Oficial da União**, Poder Legislativo, Brasília, 9 jan. 1997. Disponível em: <http://www.planalto.gov.br/ccivil_03/leis/L9433.htm>. Acesso em: 28 fev. 2012.

_____. Lei n. 9.605, de 12 de fevereiro de 1998. **Diário Oficial da União**, Poder Legislativo, Brasília, 13 fev. 1998. Disponível em: <http://www.planalto.gov.br/ccivil_03/leis/L9605.htm>. Acesso em: 8 mar. 2012.

_____. Lei n. 9.795, de 27 de abril de 1999. **Diário Oficial da União**, Poder Legislativo, Brasília, 28 abr. 1999. Disponível em: <http://www.mma.gov.br/port/conama/legiabre.cfm?codlegi=321>. Acesso em: 28 fev. 2012.

_____. Lei n. 9.985, de 18 de julho de 2000. **Diário Oficial da União**, Poder Legislativo, Brasília, 19 jul. 2000. Disponível em: <http://www.planalto.gov.br/ccivil_03/leis/L9985.htm>. Acesso em: 28 fev. 2012.

_____. Lei n. 11.445, de 5 de janeiro de 2007. **Diário Oficial da União**, Poder Legislativo, Brasília, 11 jan. 2007a. Disponível em: <http://www.planalto.gov.br/ccivil_03/_ato2007-2010/2007/lei/l11445.htm>. Acesso em: 15 mar. 2012.

_____. Lei n. 12.305, de 2 de agosto de 2010. **Diário Oficial da União**, Poder Legislativo, Brasília, 3 ago. 2010. Disponível em: <http://www.jusbrasil.com.br/legislacao/1024358/politica-nacional-de-residuos-solidos-lei-12305-10>. Acesso em: 28 fev. 2012.

_____. Lei n. 12.651, de 25 de maio de 2012. **Diário Oficial da União**, Poder Legislativo, Brasília, 28 maio 2012a. Disponível em: <http://www.planalto.gov.br/ccivil_03/_Ato2011-2014/2012/Lei/L12651.htm>. Acesso em: 4 jul. 2012.

BRASIL. Ministério do Desenvolvimento, Indústria e Comércio Exterior. **Aprendendo a exportar**: barreiras comerciais. Disponível em: <http://www.mdic.gov.br/sistemas_web/aprendex/default/index/conteudo/id/28>. Acesso em: 23 maio. 2012b.

BRASIL. Ministério do Meio Ambiente. Resolução Conama n. 001, de 23 de janeiro de 1986. **Diário Oficial da União**, Brasília, 17 fev. 1986. Disponível em: <http://www.cati.sp.gov.br/Cati/_servicos/dcaa/legislacao_ambiental/Resolu%C3%A7%C3%A30%20CONAMA%20001_1986%20-%20com%20altera%C3%A7%C3%A30%20Res%20CONAMA%20011_1986.pdf>. Acesso em: 8 mar. 2012.

_____. Resolução Conama n. 275, de 25 de abril de 2001. **Diário Oficial da União**, Brasília. 19 jun. 2001. Disponível em: <http://www.mma.gov.br/port/conama/res/res01/res27501.html>. Acesso em: 8 mar. 2012.

_____. Resolução Conama n. 307, de 5 de julho de 2002. **Diário Oficial da União**, Brasília, 17 jul. 2002. Disponível em: <http://www.mma.gov.br/estruturas/a3p/_arquivos/36_09102008030504.pdf>. Acesso em: 12 nov. 2012.

BRASIL. Resolução Conama n. 358, de 29 de abril de 2005. **Diário Oficial da União**, Brasília, 4 maio 2005. Disponível em: <http://www.mma.gov.br/port/conama/res/res05/res35805.pdf>. Acesso em: 29 ago. 2012.

BRASIL. Projeto de Lei 1.991, de 11 de setembro de 2007. Institui a Política Nacional de Resíduos Sólidos e dá outras providências. Brasília, 2007b.

BUSS, P. et al. **Saúde na Rio+20**: desenvolvimento sustentável, ambiente e saúde – documento para discussão. Rio de Janeiro: Fiocruz, 2012. Disponível em: <http://www.sauderio20.fiocruz.br/attachments/Doc_Rio+20_SaudeFiocruz_versao%2029.03.2012.pdf>. Acesso em: 12 nov. 2012.

CAJAZEIRA, J. Nosso homem na ISO. **Brasil Sustentável**, São Paulo, mai./jun. 2006. Disponível em: <http://www.uniethos.org.br/_Uniethos/gtethosiso26000/BrasilSustentavel_entrevista_simples.pdf>. Acesso em: 14 mar. 2012.

CALDERONI, S. Os bilhões perdidos no lixo. In:_____. **Há espaço para tanto lixo?** 4. ed. São Paulo: Humanitas, 2003. p. 95-96.

CAMPANER, M. T. F.; SOUZA, P. R. R. **Boas práticas em Resíduos de Serviços de Saúde (RSS)**. Secretaria de Estado de Saúde do Rio de Janeiro, 2002.

CANGEMI, J. M.; SANTOS, A. M.; CLARO NETO, S. Biodegradação: uma alternativa para minimizar os impactos decorrentes dos resíduos plásticos. **Química Nova na Escola**, São Paulo, n. 22, p. 17-21, nov. 2005.

CAPRA, F. **A teia da vida**: uma compreensão científica dos sistemas vivos. São Paulo: Cultrix, 1996. Disponível em: <http://files.embedit.in/embeditin/files/SDGUM4dXno/1/file.pdf>. Acesso em: 28 fev. 2012.

_____. **As conexões ocultas**: ciência para uma vida sustentável. São Paulo: Cultrix, 2002. Disponível em: <http://www.unicamp.br/fea/ortega/Valores/fritjofcapra.htm>. Acesso em: 29 fev. 2012.

_____. _____. São Paulo: Cultrix, 2005.

_____. **Humanização, desenvolvimento e o modelo econômico mundial**. Curitiba, 2004. Palestra proferida no Seminário Humanização do Desenvolvimento Mundial. Disponível em: <http://www.nossofuturoroubado.com.br/arquivos/outubro_10/4.seminario.html>. Acesso em: 28 fev. 2012.

_____. **O ponto de mutação**. São Paulo: Cultrix, 1982. Disponível em: <http://books.google.com.br/books?id=zfmDjZMspHAC&pg=PP5&dq=CAPRA,+Fritjof.+O+ponto+de+muta%C3%A7%C3%A3o+1982&hl=pt-BR&sa=X&ei=T8ROT6uSIKrYoQG13oDaAg&ved=0CEAQ6AEwAg#v=onepage&q=CAPRA%2C%20Fritjof.%20O%20ponto%20de%20muta%C3%A7%C3%A3o%201982&f=false>. Acesso em: 28 fev. 2012.

_____. **O tao da física**: uma exploração dos paralelos entre a física moderna e o misticismo oriental. Lisboa: Presença, 1989. Disponível em: <http://bvespirita.com/O%20Tao%20da%20F%C3%ADsica%20%28Fritjof%20Capra%29.pdf>. Acesso em: 7 mar. 2012.

CARVALHO, C. G. de. **O que é o direito ambiental**: dos caminhos da casa à hamonia da nave. Florianópolis: Habitus, 2003.

CARVALHO, P. G. M.; FERREIRA, M. T. Poluição e crescimento na década perdida. **Políticas Governamentais**, Rio de Janeiro, v. 80, n. 1, p. 10-12, mai./jun. 1992.

CASTILHO, S. C. P. et al. **Os acordos multilaterais ambientais e a OMC**. 2004. Disponível em: <http://www.cepea.esalq.usp.br>. Acesso em: 8 mar. 2012.

CASTILHOS JUNIOR, A. B. et al. (Org.). **Resíduos sólidos urbanos**: aterro sustentável para municípios de pequeno porte. Rio de Janeiro: Rima; Abes, 2003.

CAUBET, C. G. A irresistível ascensão do comércio internacional, o meio ambiente fora da lei? **Revista Diálogo Jurídico**, Salvador, n. 15, mar. 2007. Disponível em: <http://www.direitopublico.com.br/pdf_seguro/Portugal_Comercio_meio_ambiente.pdf>. Acesso em: 28 fev. 2012.

CEMPRE – Compromisso Empresarial para Reciclagem. **Lixo municipal**: manual de gerenciamento integrado. 2. ed. São Paulo, 2000.

CEPAL – Comissão Econômica das Nações Unidas para a América Latina. **Transformación productiva con equidad**. Santiago de Chile: Cepal, 1990. Disponível em: <http://www.eclac.org/cgi-bin/getProd.asp?xml=/publicaciones/xml/1/4371/P4371.xml&xsl=/tpl/p9f.xsl&base=/tpl/top-bottom.xsl>. Acesso em: 29 fev. 2012.

CIRANO. Disponível em: <www.cirano.qc.ca>. Acesso em: 13 ago. 2012.

CORREIA, P. A. S. **Perícias ambientais**. 15 f. Trabalho acadêmico (Curso de Engenharia de Produção Mecânica) – Universidade Federal da Paraíba, João Pessoa, 2003.

COSTA, F. X. et al. Estudo qualitativo e quantitativo dos resíduos sólidos do Campus I da Universidade Estadual da Paraíba. **Revista de Biologia e Ciências da Terra**, v. 4, n. 2, 2004.

CURITIBA. Prefeitura Municipal. Decreto 1.201, de 16 de dezembro de 2004. **Diário Oficial do Município**, Poder Executivo, Curitiba, 16 dez. 2004. Disponível em: <http://www.curitiba.pr.gov.br/multimidia/00086378.pdf>. Acesso em: 21 mar. 2012.

DELEAGE, J. P. **História da ecologia**: uma ciência do homem e da natureza. Lisboa: Dom Quixote, 1993.

DIAS, R. **Marketing ambiental**: ética, responsabilidade social e competitividade nos negócios. São Paulo: Atlas, 2007.

DUSTON, T. E. **Recycling Solid Waste**. London: Quorum Books, 1993.

EIGENHEER, E. M. **Coleta seletiva de lixo**: experiências brasileiras. UFF/CIRS/Ecomarapendi. Rio de Janeiro, 1998.

FARIA, C. Reciclagem de papel. **InfoEscola**, 7 mar. 2009. Disponível em: <http://www.infoescola.com/ecologia/reciclagem_de_papel>. Acesso em 29 jan. 2013.

FARIA, M. R. A. **Caracterização do resíduo sólido urbano de Leopoldina-MG**: como proposta de implantação de um centro de triagem. 95 f. Dissertação (Mestrado em Ciências Ambientais) – Universidade de Taubaté, São Paulo, 2005.

FARINACI, A. Documentário investiga a exploração de mineral usado na fabricação de celulares e sua ligação coma guerra civil do Congo. **UOL Blogosfera**: antonio farinaci, 2 abr. 2011. Disponível em: <https://antoniofarinaci.blogosfera.uol.com.br/2011/04/02/documentario-investiga-a-exploracao-de-mineral-usado-na-fabricacao-de-celulares-e-sua-ligacao-com-a-guerra-civil-do-congo> . Acesso em: 3 ago. 2012.

FERRAZ, C.; YOUNG, C. E. F. **Trade Liberalization and Industrial Pollution in Brazil**. Santiago de Chile: Cepal, 1999.

FIGUEIREDO, P. J. M. **A sociedade do lixo**: os resíduos, a questão energética e a crise ambiental. 2. ed. Piracicaba: Ed. da Unimep, 1995.

FOLADORI, G. **Limites do desenvolvimento sustentável**. São Paulo: Imprensa Oficial, 2001. Disponível em: <http://www.4shared.com/office/bIMtrx9O/Os_limites_do_Desenvolvimento_.html>. Acesso em: 28 fev. 2012.

GABAÍ, I. **Incineração e dioxinas**. Marechal Deodoro: Cinal, 1994.

GARCIA, E. E. C. A reciclagem dos plásticos e o contato com alimentos. **Instituto de Tecnologia de Alimentos**, v. 10, n. 1, 1998.

GARCIA, L. P.; RAMOS, B. G. Z. Gerenciamento dos resíduos de saúde: uma questão de biossegurança. **Caderno Saúde Pública**, Rio de Janeiro, v. 20, n. 3, maio/jun. 2004.

GEOCITIES. **Lixo que não é lixo**. Disponível em: <http://br.geocities.com/atividades_humanas/lixo.htm>. Acesso em: 10 jan. 2009.

GRIMBERG, E.; BLAUTH, P. **Coleta seletiva**: reciclando materiais, reciclando valores. São Paulo: Polis, 1998.

GRIPPI, S. **Lixo, reciclagem e sua história**: guia para as prefeituras brasileiras. Rio de Janeiro: Interciência, 2001.

GUÉRON, A. L.; GARRIDO, V. **Requisitos ambientais e barreiras técnicas às exportações de produtos de madeira**. 2004. Disponível em: <http://www.inmetro.gov.br/barreirastecnicas>. Acesso em: 9 mar. 2012.

GUIMARÃES, O. Palestra proferida para alunos de pós-graduação do Grupo Positivo, Curitiba, dez. 2006.

GUTIERRES, H. E. P. **Perícia ambiental**: aspectos conceituais, metodológicos e técnicos. 47 f. Monografia (Especialização em Licenciamento Ambiental) – Universidade Gama Filho, Rio de Janeiro, 2010. Disponível em: <http://www.abenc-ba.com.br/attachments/263_PERICIA_AMBIENTAL__ASPECTOS_CONCEITUAIS_METODOLOGICOS_E_TECNICOS.pdf>. Acesso em: 9 ago. 2012.

HEEMANN, A. **Natureza e ética**. Curitiba: Ed. da UFPR, 2001.

HEEMANN, A. **O corpo que pensa**: ensaio sobre o nascimento e a legitimação dos valores. Joinvile: Ed. da Univille, 2001.

HELLER, L. Lixo no Brasil: uma bomba de efeito retardado. **Bio**, Rio de Janeiro, v. 9, n. 6, p. 20-29, 1998.

HOUAISS, A.; VILLAR, M. de S. **Dicionário Houaiss da língua portuguesa.** versão 3.0. Rio de Janeiro: Instituto Antônio Houaiss; Objetiva, 2009. 1 CD-ROM.

IBAPE-SP – Instituto Brasileiro de Avaliações e Perícias de Engenharia de São Paulo. **Norma de inspeção predial Ibape/SP – 2011.** Disponível em: <http://www.ibape-sp.org.br/arquivos/norma_de_inspecao_predial.pdf>. Acesso em: 14 ago. 2012.

IBGE – Instituto Brasileiro de Geografia e Estatística. **Pesquisa nacional de saneamento básico 2000.** Brasília, 2000. Disponível em: <http://www.ibge.gov.br>. Acesso em: 29 fev. 2012.

INMETRO – Instituto Nacional de Metrologia, Normalização e Qualidade Industrial. **Histórico dos certificados emitidos no mundo, por continente.** 2006. Disponível em: <http://www.inmetro.gov.br/gestao14001/continentes.asp?Chamador=INMETRO14&tipo=INMETROEXT>. Acesso em: 28 fev. 2012.

_____. **Responsabilidade social**: ISO 26000. Disponível em: <http://www.inmetro.gov.br/qualidade/responsabilidade_social/iso26000.asp>. Acesso em: 4 jun. 2012.

ISO – International Organization for Standardization. Disponível em: <http://www.iso.org/iso/home.html>. Acesso em: 9 mar. 2012.

JURAS, I. da G. M. **Destino dos resíduos sólidos e legislação sobre o tema.** Nota técnica, Consultoria Legislativa, 2000.

KANT, I. **À paz perpétua.** Porto Alegre: L&PM, 1989.

KEMP, R.; SOETE, L. Inside the "Green Box": on the Economics of Technological Change and the Environment. In: FREEMAN, C., SOETE, L. **New Explorations in the Economics of Technological Change.** Londres: Pinter Publishers, 1990.

LA ROVERE, E. L. **Manual de auditoria.** Rio de Janeiro: Qualitymark, 2006.

LANOIE, P.; TANGUAY, G. A. **Dix exemples de rentabilité financière liés à une sainegestion environnementale.** Cirano: Montréal, 1998. (Série Scientifique 98S – 05).

LEFF, E. **Saber ambiental**: sustentabilidade, racionalidade, complexidade, poder. 2 ed. Petrópolis: Vozes, 2001.

LEME, F. P. **Engenharia de saneamento ambiental.** Rio de Janeiro: LTC, 1982.

LIMA, J. D. **Gestão de resíduos sólidos urbanos no Brasil.** João Pessoa: Abes, 2003.

LIMA, L. M. **Tratamento de lixo.** São Paulo: Hemus, 1985.

LIMA-E-SILVA, P. P. de. **Dicionário brasileiro de ciências ambientais.** Rio de Janeiro: Thex, 2000.

LOUREDO, P. Rio+20. **Brasil Escola.** Disponível em: <http://www.brasilescola.com/biologia/rio-20.htm>. Acesso em: 28 set. 2012.

LUSTOSA, M. C. **Comércio internacional, meio ambiente e exportações brasileiras.** Texto para discussão 434. Rio de Janeiro: IE/UFRJ. 1999.

MARTINS, J. G.; PINTO, E. L. **O vidro.** 2004. (Série Materiais). Disponível em: <http://www2.ufp.pt/~jguerra/PDF/Construcoes/Vidros.pdf>. Acesso em: 8 mar. 2012.

MASCARENHAS, T. P. (Org.). **Gerenciamento de resíduos de serviços de saúde.** Brasília: Ministério da Saúde; Reforsus, 2001.

MONTEIRO, J. H. P. et al. **Manual de gerenciamento integrado de resíduos sólidos.** Rio de Janeiro: Ibam, 2001.

MORAES, L. R. S. Projeto sustentável de saneamento ambiental para pequenas comunidades. In: CONGRESSO NACIONAL DE MEIO AMBIENTE NA BAHIA, 8., 1999, Feira de Santana. **Anais...** Feira de Santana, 1999. p. 243-246.

MOREIRA, I. V. D. **Vocabulário básico de meio ambiente.** Rio de Janeiro: Fundação Estadual de Engenharia do Meio Ambiente, 1990.

MORGADO, C. **Notas de aula do curso de Engenharia de Segurança.** Rio de Janeiro: EdUFF, 1995.

MOTTA, R. S. da. **Estudo da competitividade da indústria brasileira:** política de controle ambiental e competitividade. Campinas: Ieunicamp/IEI-UFRJ/FDC/Funcex, 1993. Disponível em: <http://www.livrosgratis.com.br/download_livro_31597/estudo_da_competitividade_da_industria_brasileira_-_politica_de_controle_ambiental_e_competitividade>. Acesso em: 28 fev. 2012.

MOURA, D. H. A gestão socialmente produtiva de instituições de educação profissional. In: ENCONTRO INTERNACIONAL DE TURISMO, HOSPITALIDADE E DESENVOLVIMENTO SUSTENTÁVEL, 1.; 2004, Natal. **Anais...** Natal, Cefet-RN, 2004.

MUCELIN, C. A. **Resíduos sólidos urbanos:** pesquisa participante em uma comunidade agroindustrial. Dissertação (Mestrado em Engenharia Agrícola – Engenharia de Sistemas Agroindustriais) – Universidade Estadual do Oeste do Paraná, Cascavel, 2000.

MUNDO DA SUSTENTABILIDADE. **Empresas brasileiras valorizam ações de sustentabilidade ambiental, revela pesquisa.** Disponível em: <http://sustentabilidades.com.br/index.php?option=com_content&view=article&id=46:empresas-brasileiras-valorizam-acoes-de-sustentabilidade-ambiental-revela-pesquisa&catid=3:noticias>. Acesso em: 6 ago. 2012.

NEVES, E.; TOSTES, A. **Meio ambiente:** aplicando a lei. Petrópolis: Vozes, 1992.

OHSAS 18001. **Sistemas de gestão para segurança e saúde ocupacional:** especificação – Tradução para fins de treinamento. Abril, 1999. Disponível em: <http://pactoglobalcreapr.files.wordpress.com/2010/10/502_ohsas_180011.pdf>. Acesso em: 8 ago. 2012.

OLIVEIRA, F. N. S.; LIMA, H. J. M.; CAJAZEIRA, J. P. **Uso da compostagem em sistemas agrícolas orgânicos.** Embrapa Agroindústria Tropical, 2004.

OLIVEIRA, L. Resíduos sólidos urbanos: lixo ou combustível? In: CONGRESSO INTERAMERICANO DE ENGENHARIA SANITÁRIA E AMBIENTAL, 17., 2001, Porto Alegre. **Anais...** Porto Alegre: Abes, 2001.

OLIVEIRA, S. de; PASQUAL, A. Gestão de resíduos sólidos na microrregião Serra de Botucatu/SP. **Revista Limpeza Pública**, São Paulo, n. 47, p. 23-28, 1998.

OLIVEIRA, S. M. **Barreiras não tarifárias no comércio internacional.** Rio de Janeiro: Renovar, 2004.

OTTMAN, J. A. **Marketing verde.** São Paulo: Makron Books, 1994.

PARANA. Governo do Estado. **Programa desperdício zero:** kit resíduos. v. 1–6, v. 14. Curitiba, 2005a.

______. Secretaria do Meio Ambiente. **Resíduos de saúde:** desperdício zero, Curitiba, 2005b.

______. Secretaria do Meio Ambiente e Recursos Hídricos do Estado do Paraná. **Politica de resíduos sólidos do Estado do Paraná.** Curitiba, 2012. Disponível em: <http://www.meioambiente.pr.gov.br/modules/conteudo/conteudo.php?conteudo=57>. Acesso em: 8 mar. 2012.

PATRÍCIO, R. F. V. **A importância dos metais na sociedade actual.** 14 f. set. 2007. Trabalho (Química). Disponível em: <http://page.esec-aquilino-ribeiro.rcts.pt/quimica/album/osmetais.pdf>. Acesso em: 13 ago. 2012.

PAULA, C. de. Rio+20 teve grandes resultados. **Planeta Sustentável**, 3 jul. 2012. Disponível em: <http://planetasustentavel.abril.com.br/blog/riomais20/2012/07/03/rio20-teve-grandes-resultados>. Acesso em: 29 set. 2012.

PEATTIE, K.; CHARTER, M. Green Marketing. In: BAKER, M. **The Marketing Book.** GramBritannia: ButterWealth, 2003.

PENSE AMBIENTALMENTE. **Ciências do ambiente:** auditoria ambiental. Disponível em: <http://www.penseambientalmente.com/disciplinas/cienciasamb/ca/AuditoriaAmbiental.doc>. Acesso em: 21 jun. 2012.

PEREIRA, B. N. O consumidor consciente e o impacto do argumento ecológico na atitude em relação à marca. In: INSTITUTO ETHOS. **Responsabilidade social das empresas:** a contribuição das universidades. São Paulo: Peirópolis, 2005. v. 4. p. 223-242.

PERKINS, J. **Confissões de um assassino econômico.** São Paulo: Cultrix, 2005. Disponível em: <http://pt.scribd.com/doc/73295263/aepet-ba>. Acesso em: 28 fev. 2012.

PINTO, T. M. (Org.). **Gerenciamento de resíduos de serviços de saúde**: projeto reforço à reorganização do sistema único de saúde. Brasília: Ministério da Saúde, 2001.

PORTAL SÃO FRANCISCO. **Leis ambientais mais importantes do Brasil.** Disponível em: <http://www.portalsaofrancisco.com.br/alfa/meio-ambiente-extincao-das-especies/leis-ambientais-do-brasil.php>. Acesso em: 4 jul. 2012.

POWELSON, D.; POWELSON, M. **The Recycler's Manual for Business, Governmemt and the Environmental Community**. New York: Van Nostrand Reinhold, 1992.

REVISTA VEJA. Jogos diplomáticos: como nasceu o texto da Rio+20. **Editora Abril**, 24 junho 2012. Disponível em: <http://veja.abril.com.br/noticia/brasil/jogos-diplomaticos-como-nasceu-o-texto-da-rio-20>. Acesso em: 6 mar. 2013.

RIBEIRO, W. C. Desenvolvimento sustentável e segurança ambiental global. **Biblio 3w**, Barcelona, v. 312, p. 1-10, 2001. Disponível em: <http://www.ub.edu/geocrit/b3w-312.htm>. Acesso em: 14 ago. 2012.

RIBEIRO FILHO, V. O gerenciamento de resíduos de serviço de saúde. In: FERNANDES, A. T. **Infecção hospitalar e suas interfaces na área da saúde**. São Paulo: Atheneu, 2001.

RODRIGUES, A. M. **Produção e consumo do e no espaço**: problemática ambiental urbana. São Paulo: Hucitec, 1998.

SANEPAR – Companhia de Saneamento do Paraná. Sistema de gerenciamento de resíduos sólidos para pequenas comunidades. **Sanare: Revista Técnica da Sanepar**, Curitiba, v. 15, p. 48-57, 2009. Disponível em: <http://www.sanepar.com.br/sanepar/sanare/v15/sistgerpag48.html>. Acesso em: 13 ago. 2012.

SÃO PAULO (Estado). Lei n. 12.300, de 16 de março de 2006. **Diário Oficial [do] Estado de São Paulo**, Poder Legislativo, São Paulo, 17 mar. 2006. Disponível em: <www.al.sp.gov.br/legislacao/norma.do?id=61778>. Acesso em: 16 mar. 2012.

SÃO PAULO (Estado). Secretaria do Meio Ambiente. **Conceitos para se fazer educação ambiental**. São Paulo, 1994. (Série Educação Ambiental). Disponível em: <http://pt.scribd.com/doc/34663492/conceitos>. Acesso em: 13 ago. 2012.

SÃO PAULO (Estado). Secretaria do Meio Ambiente. Secretaria da Educação. **Programa de Educação Ambiental do Vale do Ribeira**. São Paulo, 1992.

SCHIO, R. **Resíduos, coleta seletiva, reciclagem e educação ambiental**. 2003. Disponível em: <http://www.amda.org.br/assets/files/lixo_e_residuosss_i.doc>. Acesso em: 10 jan. 2009.

SILVA, D. B. A história do caminho tomado pelos resíduos sólidos urbanos em Uberlândia: coleta seletiva, aterro sanitário e os catadores de materiais recicláveis. **Cadernos de História**, ano 2, v. 4, n. 2, 2007.

SISINNO, C. L. S.; MOREIRA, J. C. Ecoeficiência: um instrumento para a redução da geração de resíduos e desperdícios em estabelecimentos de saúde. **Caderno Saúde Pública**, Rio de Janeiro, v. 21, n. 6, nov./dez. 2005. Disponível em: <http://www.scielo.br/scielo.php?pid=S0102-311X2005000600039&script=sci_arttext>. Acesso em: 9 mar. 2012.

SPARENBERGUER, R. F. L.; SILVA, D. A. da. A relação homem, meio ambiente, desenvolvimento e o papel do direito ambiental. **Veredas do Direito**, Belo Horizonte, v. 2, n. 4, p. 81-99, jul./dez. 2005. Disponível em: <http://www.domhelder.edu.br/revista/index.php/veredas/article/view/103/86>. Acesso em: 11 maio 2012.

TACHIZAWA, T. Gestão ambiental e o novo ambiente empresarial. **RBA: Revista Brasileira de Administração**, ano 11, n. 32, p. 38-48, mar. 2001. Disponível em: <http://www.rhportal.com.br/artigos/wmview.php?idc_cad=b98fzdc4c>. Acesso em: 14 ago. 2012.

______. **Gestão ambiental e responsabilidade social corporativa**: estratégias de negócios focadas na realidade brasileira. 2. ed. São Paulo: Atlas, 2004.

THORSTENSEN, V. A Organização Mundial do Comércio e as negociações sobre comércio, meio ambiente e padrões sociais. **RBPI – Revista Brasileira de Política Internacional**, Brasília, ano 41, n. 2, p. 29-58, jul./dez. 1998.

UNIVERSO AMBIENTAL. Gestão ambiental. **Gráficos ISO**. Disponível em: <http://www.universoambiental.com.br/images/iso.JPG>. Acesso em: 8 ago. 2012.

VASCONCELOS, A. H.; BENJAMIN, A. **O princípio poluidor-pagador e a reparação do dano ambiental**. Disponível em: <http://bdjur.stj.gov.br/jspui/bitstream/2011/8692/1/O_Principio_Poluidor_Pagador.pdf>. Acesso em: 10 jan. 2009.

VIANA, M. B. **O meio ambiente no Mercosul**. Brasília: Câmara dos Deputados, 2004. Disponível em: <http://bd.camara.gov.br/bd/bitstream/handle/bdcamara/1285/meioambiente_mercosul_boratto.pdf?sequence=1>. Acesso em: 7 mar. 2012.

VIEIRA, L.; BREDARIOL, C. **Cidadania e política ambiental**. Rio de Janeiro: Record, 1998.

YOUNG, C. E. F. (Coord.). **Abertura comercial, competitividade e poluição**: o comportamento da indústria brasileira. Relatório de pesquisa CNPq 523607/96. Rio de Janeiro: Mimeo, 1999.

YOUNG, C. E. F.; LUSTOSA, M. C. J. **Meio ambiente e competitividade na indústria brasileira**. Disponível em: <http://www.ie.ufrj.br/gema/pdfs/art10YoungLustosa.pdf>. Acesso em: 17 maio 2012.

WATHEN, T. Um guia para o comércio e o meio ambiente. In: SÃO PAULO (Estado). Secretaria do Meio Ambiente. **Comércio e meio ambiente**: direito, economia e política. São Paulo, 1996. p. 21-30.

WCED – World Commission on Evironment and Development. **Our Common Future**. Oxford: Oxford University Press, 1987.

sobre os autores

Angelo de Sá Mazzarotto é graduado em Agronomia (2002) pela Universidade Federal do Paraná (UFPR), possui especialização em Educação, Desenvolvimento e Meio Ambiente (2005) pela mesma instituição, MBA em Gestão Empresarial (2006) pelo Instituto Brasileiro de Pós-Graduação e Extensão (Ibpex), especialização em Tutoria em EaD (2008) e especialização em Formação de Docentes EaD (2009), ambos pelo Centro Universitário Uninter. É mestre em Gestão Ambiental (2008) pela Universidade Positivo e doutorando em Sociologia pela UFPR. É também auditor líder, pela Bureau Veritas Quality International (BVQI), na norma ISO 14001, consultor da Matriz Consultoria Profissional, atuando nas áreas de agronomia, meio ambiente, qualidade, *marketing* e educação, com atividades no Brasil, na França e em Angola. Além disso, é colunista do *Jornal Meio Ambiente* e apresentador e diretor do programa de televisão "Olá Planeta", pela CWB TV.

Rodrigo Berté é graduado em Ciências Biológicas (1998) pela Universidade Federal do Paraná (UFPR), especialista em Educação Ambiental pela Fundação Universidade de Brasília (Fubra-DF) e em Clonagem Vegetal (2003) pela Pontifícia Universidade Católica do Paraná (PUC-PR). É doutor em Meio Ambiente e Desenvolvimento (2002) pela UFPR, pós-doutor em Ciência e Tecnologia Marinha (2006) pela Universidad de Leon (Espanha) e pós-doutorando em Educação pela Universidad Nacional de La Matanza (Argentina). Atualmente, Berté é coordenador de Pós-Graduação do Centro Universitário Uninter nas áreas ambientais, coordenador pedagógico da área de Meio Ambiente e Desenvolvimento do Instituto Brasileiro de Pós-Graduação e Extensão (Ibpex), coordenador-geral do Projeto Ecológico Cinturão Verde – Petróleo Brasileiro S.A. e coordenador do projeto Escolas Sustentáveis do Instituto Camargo Correia (ICC). Tem experiência na área ambiental, com ênfase em ciências ambientais, e é autor de cinco livros sobre questões ambientais. Faz parte do movimento ambientalista brasileiro e é membro do Parlamento das ONGs nas Nações Unidas. Finalista do Prêmio Jabuti de Literatura, estando entre as 10 melhores obras na categoria de Economia, Administração e Negócios com o livro *A logística reversa e as questões ambientais no Brasil*, pela Editora Ibpex.

Os papéis utilizados neste livro, certificados por instituições ambientais competentes, são recicláveis, provenientes de fontes renováveis e, portanto, um meio sustentável e natural de informação e conhecimento.

FSC
www.fsc.org
MISTO
Papel produzido a partir de fontes responsáveis
FSC® C057341

Impressão: Log&Print Gráfica & Logística S.A.
Julho/2021